A British woman works like this

イギリス女性はこう働く

LITTLE BLACK BOOK

オーテガ・ユーワグバ［著］
OTEGHA UWAGBA
国枝祐希［訳］
YUKI KUNIEDA

辰巳出版

はじめに

一生懸命働くことの大切さを教え、
いつも手本となってくれる私の両親に、
本書を捧げる。

ワーキングウーマンのあなたがこの本を手にとったということは、何かの答えを知りたいからでしょう。あなたは、キャリアを歩みだしたばかりかもしれないし、かなりの経験を積んだベテランかもしれません。でも、まだ知りたいことがある。これは、そんなあなたのための一冊。ぜひ、読んでみてください。

この本は、さまざまなキャリアに関する助言や仕事上のヒントをまとめたものです。どれも、成功に向かってがむしゃらだった若い頃の私自身の体験にもとづいています。私は、運よく世界有数の広告代理店からキャリアをスタートさせ、カルト的な人気を誇るユース向けコンテンツメディアの《ヴァイス》でも仕事をしましたが、何年か経ったところで、自分のキャリアに行き詰まりを感じ始めました。次に何をしたらいいのかまったくわからない。それでいて、心の奥底では何かを変えなければいけないと焦っていました。あなたも身に覚えがあるのでは？

私が経験してきたことは、きっとほかの人にも当てはまる。同じようなことを考えている女性たちとつながりたい――そんな思いに突き動かされて、これまで自分がもっとも刺激を受けてきた三つのものを結びつけてみたのです。クリエイティビティ×女性×仕事。この三つの切り口から、世界中のワーキングウーマンをサポートし、互いに刺激し合う場を作りたいと考えました。《ウーマン・フー》にアクセスしてみてください。毎朝起きたときに、同じことを考えている女性たち。いつもの足りなさを感じている女性たち。変化したい、いや、変化しなければならないと思っている、そう、私とそっくりな女性たち。そんな女性たちをつなぐ新時代のコミュニティです。

実際、世の中は変化のまっただなかにあります。新たな発明や大きな文化的変化が起きると、私たちが一日の大半を過ごすオフィスやスタジオも変化するし、そこでクリエイティブなキャリアを成功させる道筋も変わります。私たちの世代の女性たち——野心的で企業家精神にあふれる女性たち——がこの変化の時代を生き抜くには、さまざまな問題に対処しなければなりません。デリケートな内容のメールをどう書くかとか、インスタグラムをどう利用するかといったささいなものもあれば、キャリアを左右しかねない大きな問題に直面することもあるのです。たとえば、パーソナルブランドを作り上げてチャンスを広げるにはどうしたらいいかとか、思い切ってフリーランスになろうかとか、アーティストと企業人という立場のはざまでどうバランスをとっていくかといったジレンマなど、実にさまざまです。

私がこの本を書いたのは、こうした問題（それ以外のことについても）すべてに答えるためです。この本があなたのキャリアにとって欠かせないツールキットとなってほしいと思います。なぜなら、私たちはみんなアイディアを持っており、ちょっとした手助けさえあれば、そのアイディアを形にすることができるのですから。

さあ、仕事にとりかかりましょう。

オーテガ

《ウーマン・フー》についての情報は www.womanwho.co.uk のサイトか、インスタグラム、ツイッター、フェイスブックで womanwho を検索してみてください。

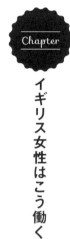

Chapter 1

やり遂げる

生産性を
アップさせるには

あなたがやらない限り、
何も変わらない。

〜マヤ・アンジェロウ（詩人・社会運動家）〜

クリエイティブな仕事とは、まさしく、ひっきりなしに押しよせるプロジェクトや締め切りとの戦い。それはこの仕事ならではの醍醐味ですが、そこがまた難しいところでもあります。仕事が多岐にわたっていると変化があって飽きませんが、その反面、限られた時間のなかでさまざまな要求に応えなければならないからです。それに、スケジュール管理も大変です。そこで、ワーキングタイムをできるだけ有効に活用する方法をいくつかご紹介しましょう。

01 早起きする

仕事を、一時間早く始めましょう。慣れていないと最初はつらいですが、誰にも邪魔されずにひと足先に仕事にとりかかれるのは大きなメリット。やりとりしなければならないクライアントがいる場合は、なおさらです。この習慣を定着させるには、何より「続ける」ことが大切です。ポイントは、毎日決まった時間に起きること。ある研究報告によると、早起きの人は実際にエネルギーレベルが高く、前向きな気持ちで一日を過ごせるそうです。ぜひ、朝型人間を目指していきましょう。

02 パワー時間

朝イチにメールやSNSをチェックしたくなってもぐっと我慢。さもないと、インターネットの深みにはまって抜けられなくなってしまいます。そのかわり、出勤してすぐの一時間、つまり、一日のうちでもっとも頭がさえている時間帯に、その日一日の仕事の優先順位を決め、ただちにとりかかることにしましょう。この最初の一時間が勝負なのです。

03 決まった服を着る

世界的リーダーやCEOのなかには、決まった「仕事着」しか身につけない、つまり、毎日同じ服（またはそのバリエーション）しか着ないという人がたくさんいます。そうすれば、毎朝何を着ようかと考えたり、服を選んだりしなくていいからです。その結果、一日のうちにしなければならない判断がひとつ減り、もっと重要なことに脳のパワーを回せるようになります。さらに、朝の貴重な時間を節約できるのですから、いいことずくめ。あえていつも同じようなテイストで装えば、パーソナルブランドも作りやすくなるはず。それについては第三章で詳しく述べます。

04 リストを作る

昨今、テクノロジーの進歩は目覚

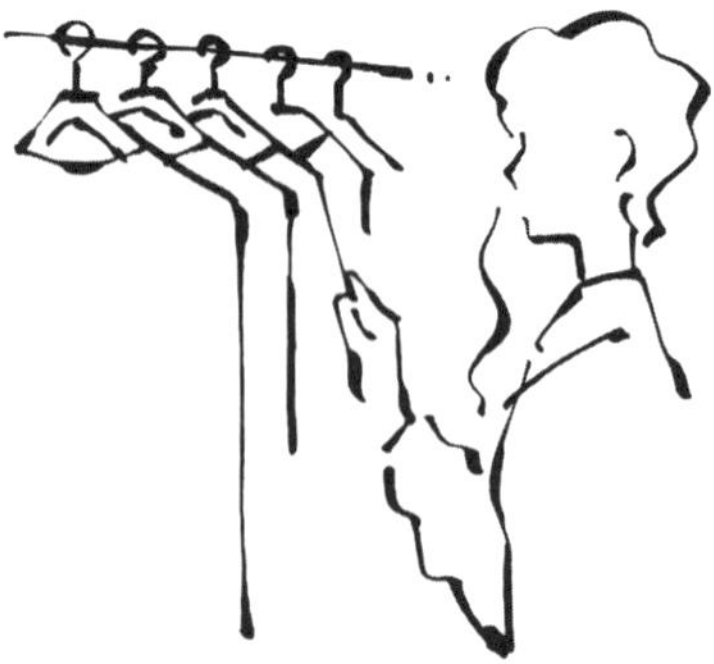

ましいですが、昔も今も変わらないのは、シンプルなリストこそが手軽で生産性の向上にも役立つツールであるということです。週の最初に、この先一週間を見据えた「TO DO《やること》リスト」を書きだし、優先順位をつけてみましょう。ほんの二、三分、一日のワークフローをシミュレーションすることで、脳に余裕ができ、本来やるべきクリエイティブな作業に集中できます。このとき、アナログ的と言われそうですが、紙に自分の考えを書いてみると、これが意外にも頭の整理につながります。今や私たちの生活はツイッターやブラウザのタブに支配されていますが、いつも手書きのリストを持っていれば、目標を見失わずにすみます。

05 量より質

ノンストップで仕事をすればそれだけ処理量も増えるかというと、必ずしもそうではありません。人間の脳はそんなに長い時間、ピークのパフォーマンスを維持することはできないからです。長距離持久走のような仕事の仕方ではなく、脳がリチャージされるよう、休憩をはさみながら短い時間で集中するのが理想的。まずは、一日の仕事時間を二時間ごとの「ワークブロック」に分けてみましょう。ひとつのワークブロック内で九十分仕事をしたら、三十分は休むようにします。完全に集中している（ゾーンに入っている）からといって、ひとつのワークブロックに割りあてられた時間を超えて仕事を続けないように気をつけてください。クタクタになるまでやり続けるよりも、早くすませたいと思うような「やりかけ」の仕事を残したほうが、休憩後に仕事に戻るモチベーションが高まります。

06 ひとつずつ取り組もう

同時にいくつもの仕事をこなすのは、大して効果的ではありません！　複数のプロジェクトを同時に抱えると、あれをやったりこれをやったりと気が散り、効率が悪くなって疲れるだけ。一定の時間内（たとえば、ひとつかふたつのワークブロック内）に終わらせたい仕事をひとつ選び、それだけに集中しましょう。

07 ピークタイムを見つけて

一日のうちでもっとも生産性が高まる時間帯を見つけてください。あなたは朝型？ それとも夜型？ 一日のなかでエネルギーレベルが変わるのはよくあること。それなら、集中力がピークに達する時間帯を見つけ、そこに重要な仕事をぶつけるといいでしょう。まず、TO DO《やること》リストのもっとも手ごわそうな項目から始めてみて。それをリストから消したときの達成感と安心感は格別で、その日一日をイキイキと過ごせるはずです。

08 ランチタイムの過ごし方

職場のデスクで昼食をかきこむのはやめて、一時間は昼休みをとりましょう。少なくとも、食べているときぐらいはスマホやパソコンから離れること。脳をリチャージするための時間なのですから、仕事のことをあれこれ考えたりしないように。できるなら、ちょっと外に散歩に出てみてください。短時間でも外の空気に触れると、エネルギーレベルが高まり、精神的にも落ち着きます。

08 時間を区切る

メール対応、社内のアドミ業務（総務的な仕事）、ソーシャルメディアの利用は、自分の「ピークエネルギー」時間を計算に入れ、一日のうちで決まった時間にまとめて処理しましょう。メールも、自動的に受信を知らせてくるスマホのポップアップ画面は気が散るもの。必要に応じて設定を変更してみては？　メッセージのチェックや返信のたびに中断すると、仕事に没頭できなくなります。何かで気が散った後に調子をもとに戻すには、平均で約二十五分かかるそうです。スーパーに買い物に行ったり

家事をこなしたりといった「生活アドミ」についても同じこと。週に一、二回、そのための時間を確保して一気にやってしまうといいでしょう。雑務を片づけるための時間をきちんと別にとっていると思えば、そのことをいったん忘れ、残りの時間をより集中して過ごせるものです。

09 じっくり考える

日々忙しくしていると、そのこと自体が生産性の高さの証拠だと思いこんでしまいがち。でも、時間をとって「じっくり考える」こともまた、日々のTO DO《やること》リストの項目を消していくのと同じぐらい仕事の出来に影響を与えます。毎週一回、少なくとも一時間は、自分の仕事の方法を振り返り、戦略を練る時間にしてみましょう。やるべきことがエンドレスに押しよせてくる忙しさのなかで、ぜいたくなことかもしれませんが、あえて時間をかけて優先順位をつけたり、エネルギーの配分を考えたり、新しいアイディアを生みだしたりすることは、目標達成への長期戦に備えた、かけがえのない投資なのです。

10 期限を設ける

具体的な期限を設けると、パフォーマンスが向上し、ズルズルと引き延ばすことがなくなります。仕事を始めるときには、いつまでに終わらせるという時間軸を設定するといいでしょう。ただし、その期限はきちんと守れるものでなければなりません。また、それがその仕事を首尾よく終わらせるのに十分な時間かどうかもポイント。現実的でない期限を設けて、無駄に自分にプレッシャーをかけないこと。時間があればあるだけ、その仕事のみを続けるということがないように。これは、フリーランスの人には特に大切なこと。まさに「時は金なり」なのですから。

11 完璧を目指すより、やり遂げること

完璧主義は往々にして進歩の邪魔をします。たくさんのプロジェクトやクリエイ

ティブな仕事をさんざんこねくり回した挙句に、最後まで仕上げられなかった……などという事態は、なんとしても避けなければなりません。「完璧」という名の手の届かない理想をいつまでも追い続けるよりは、たとえ最終的な出来栄えに百パーセント満足していなかったとしても、最後までやり抜くほうがいいのです。どこまでやるか、その限度を決め、成果を世に出していきましょう。結局、日の目を見なければ、その仕事はそもそも存在していなかったのと同じことになってしまいます。

Chapter 2

クリエイティビティを発揮するために

ひらめき力を取り戻す

どんどん自分を表しましょう。
するとやがて、ミューズ（創造性の女神）が
あなたのもとに姿を現します。

～イサベル・アジェンデ（作家）～

誰でもクリエイティブな活動をしていれば、どこかで行き詰まりを経験します。いいアイディアがなかなかひらめかないなんてことも、この仕事にはつきものです。でも、これで食べていかなければならないのに、クリエイティブなアイディアが浮かんでこないとしたら、それは大きな痛手です。ちょっととっつきにくい書類を扱わなければならないとかアイディアがなかなか実行に移せないときに、そこを乗り切るためのシンプルな方法をいくつかご紹介しましょう。

01 視野を広げよう

アイディアは、デスクの前に座っていれば自然と湧いてくるものではありません。それなら、一歩踏みだして、インスピレーションのタネを探しに行きましょう。おしゃべりをしたり、本を読んだり、知らない土地を旅してみたり。あえていつもの行動範囲にはないものに触れると、新しいアイディアが湧いてきて、あなたらしいインスピレーションに富んだ仕事ができるようになるでしょう。

02 自分の殻に閉じこもらないように

自分の仕事の状況を、どんどんまわりの人にオープンにしましょう。仕事で行き詰まったら、誰かに聞いてもらうのが一番。他人の目で見ることで、問題を違った観点からとらえられるようになります。シンプルなのに、意外と気づかないポイントです。あなたはひとりぼっちではありません。誰か尊敬できる人に、心を開いてみましょう。

03 優先順位をつけよう

日々の「TO DO《やること》リスト」は簡略化して、管理しやすくしましょう。今すぐやらなければならないものなどそんなにありません。中途半端な仕事を山のようにやるくらいなら、限られたものを完璧に仕上げたほうがいいに決まっています。その仕事が先延ばしできるものか、（チームで仕事をしている場合には）人に任せられるものか、はたまた、手をつけなくてもいいものかどうかをはっきり決めること。

04 空間を味方に

いい仕事をしたいなら、インスピレーションが湧きやすい状況を作りだすことが大切です。人の考え方やクリエイティブな能力は、環境によって大きく左右されます。特に、ふだん自宅で仕事をしている人にとってそこは、毎日毎日、何時間も過ごしても苦にならない場所でなくてはならないのです。小さくても専用のワークスペースがあると、ぐっと集中しやすく（ゾーンに入りやすく）なりますし、仕事が終わった後にはリラックスしやすくなります。仕事を自宅でやるにせよ、オフィスでやるにせよ、次のポイントをおさえておきましょう。

▽整理整頓しよう

毎朝、仕事の前に自分の机を片づけるという人は結構います。机の上がすっきりしていると頭もすっきりする（か、少なくともなんらかのプラス効果がある）という実感があるからでしょう。デスクの引き出し用の整理ケースやフォルダー、ファイルキャビネットを使ってワークスペースを整理し、気分を上げるためにデスクまわりの小物をかわいくすると、あなたのワークスペースは特別な場所に早変わり。安くてシンプルな文房具がお好みなら、《無印良品》がおすすめです。

▽デスクには緑を

ワークスペースに植物を置きましょう。自然の効果で雰囲気が明るくなります。生花が面倒なら、手間のかからない多肉植物、たとえばアロエベラなどはいかがでしょう。まわりの空気を浄化する効果もあります。

▽照明

明るい場所で仕事をしましょう。自然光がたっぷり降り注ぐ場所なら言うことなしです。

▽ワークスペースをあなたらしく

お気に入りの写真やポストカード、心に響く言葉などを飾ってワークスペースに「あなたらしさ」をプラスすると、行き詰まったときでも不思議とモチベーションが保てます。

▽居心地よく

ワークスペースは、できるだけ快適な場所でないといけません。長時間、仕事に向かわなければならないときは特に、居心地が悪いと集中できません。ちょうどいい高さにパソコンの画面をセットし、椅子は背もたれがしっかりしたものを選びましょう。ノートパソコンの場合には、外づけのマウスを用意すること。タッチパッドを長く使っていると、手や手首に負担がかかります。

▽音楽をかける

音楽は、ワークスペースのムード作りに大いに役立ちます。あなたにしっくりくるのはどんな曲か、ちょっと試してみてください。ゼイディー・スミス【訳注：イギリスの作家】の著書によれば、彼女は仕事中、「ブラウンノイズ」（ホワイトノイズと似ていますが、もっと心地よい響き）【訳注：ホワイトノイズとはすべての周波数の音が均等に含まれる音で、睡眠や集中力アップに効果的だとされている。ブラウンノイズもその一種で、川のせせらぎのような、比較的落ち着いた音のこと】を聴いているそうです。あまり一般的ではありませんが、余計な考えや雑音をかき消してくれる効果があります。仕事中は歌詞つきの音楽や独特なメロディーは避けたいという人も少なくありません。忙しい職場で働いている人は、ノイズキャンセリング機能があるちゃんとしたヘッドフォンを用意しておきましょう。本当に集中しなければならないときの、お役立ちアイテムです。

05 景色を変えよう

ときどき景色を変えてみること。ふだん自宅で仕事をしている人は週に一、二回、あえて違った環境で仕事をしてみましょう。地元の図書館やシェアオフィス、落ち着いたカフェ（巻末付録で、世界のさまざまな都市にある、フリーランスの人向けのワークスペースをご紹介しています）などどこでもいいのです。オフィスで働いているなら、オフィス内の違った場所や共用スペースを利用しましょう。四六時中、同じ壁を眺めていると思考もよどみがち。進んで変えていきましょう。

06 いったん断ち切ってみる

本当に行き詰まったと感じたら、その仕事からいったん離れてみましょう。とにかく頑張ろうと意気ごんだところで、大した成果は期待できません。しばらく別の仕事をしてみるとか、これまでの仕事からはまったく離れてみて、少し間を置いてからその仕事に戻ってみましょう。二十四時間、年中無休で仕事をしたからといってベストな成果が出せるとは限らないのです。

07 デジタル・デトックス

仕事をする日は数時間だけでも、スマホやノートパソコンの電源を落として「画面を見ない」時間を作りましょう。指先がデジタル技術の呪縛から解放されると、思いのほか多くのことに取り組めます。往々にして、いい考えはペンを手にしているときに降りてきます。さあ、画面を閉じて、あえて昔風でいきましょう。

08 くだらない仕事は切り捨てよう

ときどき、進行中の仕事を客観的に評価する時間を持ち、本当にやりたい仕事と比較してみましょう。プロジェクトや業務内容のなかで、あなたがもっともやりがいを感じているものはなんでしょうか？　それが特定できたらしめたもの。そういう仕事が徐々に増えていくよう意識的に努力していけばいいのです。それには職場でのあなたの役割や、今後どのような能力を伸ばしていくべきかについて上司と話し合ったり、特定のクライアント向けの仕事を増やしたりすることが必要になるかもしれません。興味がある分野の成果が蓄積されるよう、じっくりとこだわりを持って取り組めば、ますますやる気もアップするに違いありません。

Chapter 3

自分という
ブランドを作ろう

単なるビジネス用語に
とどまらない

——パーソナルブランディングの重要性

自分自身の最高を目指すべきよ、
ほかの誰かのマネじゃなくてね。

〜ジュディ・ガーランド（女優）〜

今や、仕事でもプライベートでも、すみずみにまでソーシャルメディアが入りこんでいる時代。自分という「ブランド」にも磨きをかけやすいと言われています。でも、パーソナルブランドっていったい何？　それって本当に必要なものなの？

01 目立つこと

パーソナルブランドとは、自分の能力を示したり、自分がどういう人間なのかを第三者（特に、雇用主やクライアントになる可能性のある人たち）に知ってもらう方法のひとつです。競争が激しく、あなたのかわりなどいくらでもいる業界においては、自分がいかに強烈なパーソナルブランドを持っているかを売りこむことがとても大切です。それが決め手となって、ほかの誰かではなくあなたが選ばれ、その後もあなたが選ばれ続けるのです。もっとも、これだけあればいいという話ではなく、仕事のクオリティが高いことが大前提です。しっかりとしたパーソナルブランドを持っていると就職活動も有利ですし、本業以外のことも単なる趣味以上のものに見せることができるでしょう。

あなたというブランドはすでに確立しています。あなたのことをネットで探せば、すでに情報がたくさんあり、あなたという人間のストーリーを語っています。そこで、こちらから提供する情報を工夫することで、ただ相手に合わせるのではなく、会話をこちらに有利に進めたり、自分をよりよく語れるようになるのです。

02 得意分野を見つけよう

あなたのUSP（ユニークセリングポイント）【訳注：ほかの商品にはない、その商品の特徴のこと】を見つけましょう。あなたが持っているスキルをいくつかかけ合わせると、ほかの人があまり持っていない強みが生まれませんか？　たとえば、イラストレーターでありながらファッション関係にも詳しいとか、特集記事のライターでありながら写真のエキスパートでもあるというふうに。あなたにしかない強みを出していくと、同僚との競争で有利になり、やがてやりがいのあるプロジェクトに抜擢されるとか、スピード出世を果たすというような形で実を結ぶかもしれません。

03 「見た目」は大事

パーティーでも就職の採用面接でも、私たちは瞬時に見た目で判断されます。軽薄に聞こえるかもしれませんが、「見た目」は自分というブランドの欠かせない一部なのです。どのような身なりをしているかで、あなたに対する見方は大きく変わります。人間は視覚を重視する生き物なので、見た目に統一感があると記憶に残りやすいのです。だからといって、頭からつま先まで《プラダ》で身を包まなければいけないわけではありません（でも、それがあなたのスタイルなら、そうしましょう）。まずは自分の個性を表現しつつ、同時にプロフェッショナルらしく見せることから始めてみましょう。どんな職場かによって、着るものの許容範囲はジャージからパワースーツまでさまざまです。何を着るにしても、あなたが心地よく感じるものかどうかが大事。ワードローブの中身、つまり着るものはその人の考え方に影響を与えます。着心地がよくて、その服を着た自分に自信が持てると、自然と態度も変わってきて仕事もはかどるようになります。

04 信念を貫こう

大切なのは価値観です。あなたにとって大切なものは何か？　ゆずれない信念は何か？　社会的意義のあるプロジェクトにやりがいを感じるか？　チームで仕事をするのは好きか？　後輩の指導に興味はあるか？　あなたにとって何がモチベーションとなり、どんなことにワクワクするのか（逆に、どんなことにイライラしたり、退屈を感じるのか）？　そういったことを把握し、まわりの人にうまく伝えていけば、その他大勢のなかに埋没してしまうことはないでしょう。恐れずに、自分の熱い思いをどんどん口にしましょう。

05 ソーシャルメディアを使おう

クリエイティブな業界で仕事をしているなら、ソーシャルメディアを活用しない手はありません。これは自分自身を売りこむ（これを苦手とする女性が実に多いのですが）には手っとり早い方法ですし、業界内での新しい動きや転職のチャンスをフォローするにも絶好のツールです。大勢のフォロワーがいるかどうかは、さほど重要ではありません。フォロワー数を競い合うのはやめ、ソーシャルメディアのプラットフォームを通じてあなたのパーソナリティをどれだけ見せられるか、ありのままをフォロワーに伝えましょう。たとえば、どのプラットフォームでも同じプロフィール写真を載せるといった、ちょっとした配慮をするだけでも結果は違ってくるでしょう。

06 自分自身を売りこもう

特にフリーランスの人にとって、これまでほかのクライアント向けにしてきた仕事をいかにアピールするかは、まさに腕の見せどころ。誰でも、実績があって評価が高い人と仕事をしたいと思っています。尻ごみせずにさまざまなイベントやソーシャルメディアでこれまでの仕事ぶりをアピールしたり、業界誌に取り上げてもらえるよう働きかけてみましょう。企業で働いている人は、仕事の成果を上司や同僚にもしっかり認識してもらうこと。

自己アピールの腕を磨きましょう！

07 存在をアピールするには

ポートフォリオ【訳注：クリエイターが実績をアピールするための作品集のこと。フリーランスの人が営業資料として作成することもある】で実績をアピールし営業に生かしたい人は、過去の代表的な

プロジェクト実績や今後さらに力を入れたい分野を紹介した、パーソナルウェブサイトを持つべきです。自分で作れるほどのスキルがないのなら、スクエアスペース【訳注：本格的なホームページやメディアの運営ができるホームページ作成サービス】など、デザイン性のある使いやすいテンプレートを利用するといいでしょう。ただし、そのサイトに何を掲載するかについては慎重に。なんでもかんでも載せればいいというものではありません。

08 アップデートはこまめに

履歴書やオンラインプロフィールは、こまめにアップデートしておきましょう。転職活動を始めるまで古いデータのままなんて、ナンセンスです。今、ひとつの仕事を終えて満足しているなら、その達成感がまだ新鮮なうちにアップデートしましょう。未来の雇用主がオンラインでいつあなたをチェックしても、その時点での仕事の様子がはっきりわかるようにしておくのがポイント。履歴書も、いつ出してもいいように準備しておくと安心です。

09 もう一歩先へ

関連の業界誌に記事を書いたり、ブログを開設したり、《ウーマン・フー》のような、クリエイティブな仲間が集うコミュニティに参加したりするときには、主体的に関わり、自分なりの意見を持ってこそ意味があるというもの。これぞという副業が何かあるなら、それも自分のウェブサイトや履歴書に載せましょう。日々の仕事のほかに何かに取り組んだ実績はプロフィールの見栄えをよくし、一緒に働く相手としてのあなたの存在を印象づけるものとなるでしょう。

10 等身大の自分でいよう

何よりもまず、本当の、素のあなたでいること！　個性はあなたというブランドのもっとも重要な要素です。どんなときも自分を偽らないで。オンライン上のあなたは実際のあなたを正確に反映していなければなりません。たとえば、ツイッター上では押しの強いキャラなのに、実際にはおとなしい女性だったらどうでしょう？「現実の」あなたと「作り上げられた」あなたとの間のギャップに信用を失い、決してあなたのためにはならないでしょう。自分の「ブランド」にこだわるあまり、大事なことがないがしろにされたり、自分の売りこみにばかり時間をかけて、スキルを磨くのがおろそかになったりしてはいけません。本当の実力がともなってこそ、最高のパーソナルブランドと言えるのです。

Chapter 4

人前で話す・初級編

上手なプレゼンをするために

私は話が上手な人が好きですし、
教養のある聴衆もありがたいです。

〜ドロシー・パーカー（詩人・作家・評論家）〜

クリエイティブな業界で成功するためには、うまく売りこまなければなりません。仕事やアイディア、そしてあなた自身を売りこむ有能な営業ウーマンになること。それはすなわち、説得力のあるプレゼンができるようになることです。イベントでトークをしたり、クライアント相手に、あるいは仕事でつながりができそうな投資家や雇用主向けに話す場合など、さまざまな状況で応用できるプレゼンのコツをご紹介しましょう。

01 文字数を意識して

スライドショーを使ってトークをするなら、一枚に載せる文字数はできるだけ少なくしましょう。内容がすべて画面に書かれているトークをじっと聞かされるのは苦痛でしかありません。聴く側はそのうち、あなたの話などそっちのけに、画面から目を離して手元のプレゼン資料を読み始めるでしょう。ビジュアルは、聴いている人の注意を引きつける効果的な方法です（トークのテーマにもよりますが）。見栄えのよいイラストなどを盛りこんで、説明を補足するといいでしょう。また、各画面のタイトルはできるだけ簡潔にして、それだけでプレゼン内容のポイントがわかるよう、全体の構成を工夫しましょう。それだけでも、プレゼンの流れが変わってきます。

02 メモを使おう

メモを見ないでプレゼンができるとテンポよく洗練された印象を与えますが、緊張していたり準備が不十分だったりするときにはメモがあると安心です。プレゼンの途中でなんの話をしていたかわからなくなってしまうよりは、ときどきメモに目を

やるほうがずっとまし。とはいえ、せいぜい手元に小さなメモを数枚持つ程度にしましょう。紙をバサバサと何枚も持つのはいただけません。ちょっとしたキーワードや文章の冒頭部分だけでもメモしておくと、記憶の呼び水になってくれます。

03 構成とペース

プレゼンもエッセイと同じ。序論・本論・結論という構成で、それぞれがだいたい同じ長さになるようにして、最後に、聴いている人にリマインドするつもりで要点をまとめましょう。オプション案をいくつか提示して検討してもらうような場合には、あなたがプッシュする案だけ少し掘り下げて説明するといいでしょう。聴いている人を知らず知らずのうちにその案に引きよせることができるという、シンプルながらも効果的な心理作戦です。

04 見た目が大事

どんなプレゼン資料作成ツール（《キーノート》や《グーグルスライド》がおすすめ）を使うにしても、フォーマットは簡潔なものにすること。フォントの種類やサイズは一、二種類にとどめ、スマートでメリハリの効いたスライドにしましょう。有力なクライアントや投資家向けにプレゼンするときには、プレゼンの見栄えをよりよくするためにデザイナーに外注するのも手かもしれません。

05 とにかくシンプルに

プレゼン資料には特別な「アニメーション」や「エフェクト」をつける必要はありません。タイトルがじわじわ現れたり、シュッと出てきたり、フェードアウトしたりなんて、今や誰も期待していません。

06 習うより慣れよ

人前で話すのが初めての人もベテランの人も、できるだけ練習しましょう。ひとりでも練習、友達に協力してもらって人前でも練習です。まずはプレゼンの内容を完璧に覚え、それをリラックスした自然な感じで伝えられるよう練習するのです。途中でいくつかアドリブをはさめるくらいの余裕が持てれば、しめたもの。

07 「ええと」や「あの」ははさまない

「ええと」「あの」「まあ」などを会話の合間にはさむと、聴く側にとってはかなり耳障りです。とたんに、プレゼンがつたないものに聞こえてしまいます。プレゼンをしている自分の姿をスマホで録画してチェックすると、いかにこの手の言葉を多用しているかがわかります。プレゼン内容をしっかり理解していれば、とりあえずこれらの言葉で場を持たせるようなことをしなくてすみます。そのためにも、何より「練習」なのです！

08 ボディトークをする【訳注：自分自身の自然治癒力を使って、心と体のバランスをとっていく自然療法】

人前で話すのはただでさえ緊張するもの。ふだんそういう機会がなかったり、初めてのときなどはなおさらです。緊張すると、闘争・逃走反応【訳注：ストレスのかかる事態に対する自律神経系の働き】が起こるため、アドレナリンが急激に増加、手が震えたり、脇の下に汗が噴きだしたり、口内が乾いたりとさまざまな症状が見られます。なんとかしなくては！　次にあげるテクニックでそういった症状（ごく自然な体の反応と言えます）に対処していきましょう。

▽深呼吸する

話し始める前に、瞑想を取り入れた呼吸法を少し試してみましょう。深くゆっくりとした呼吸をすると、酸素をたっぷり吸いこむことができ、気持ちを落ち着かせ、緊張からくるさまざまな体の症状をやわらげることができます。

▽水を飲む

あらかじめ水分を摂り、話すときには必ず手元に水を置いて、口のなかが乾いてきたら飲んでください。お酒の力を借りたい気持ちはわかりますが、話す前にはやめておきましょう。アルコールは体内の水分を奪い（ドライマウス対策にはなりません）、認識機能を弱めます。次に何を言うのか忘れてしまったり、質疑応答でも反応が鈍ります。ワインは終わった後のお楽しみにとっておきましょう！

▽何か食べる

お腹が空いていると、余計不安に感じるものです。プレゼンの一時間くらい前に軽食を摂る時間を作りましょう。

09 アイコンタクト

聴いている人たちとアイコンタクトをとるようにしましょう。会場のあらゆる方向に、まんべんなく注意を向けること。プレゼンを始めたら、聴いている人のなかから親しみを感じる顔を探し、その人に伝えるような気持ちで話してみましょう。そうすれば落ち着いて自信を持てるだけでなく、あなたの言葉がどんなふうに受けとめられているかも確認できるでしょう。

10 ストーリー性を持たせる

よいプレゼンには、少しくだけた話も盛りこまれているもの。内容と関連するエピソード（個人的なものに限りません）をはさむことであなたの人柄をそれとなく伝え、聴いている人との距離を縮めましょう。また、エピソードから入ると最初から聴く人の注意を引くことができるので、プレゼンの始め方として有効な方法です。

11 何を着るか

ふだんなら着るもので個性をアピールするのはよいことですが、プレゼンの場では服装が邪魔をする場合があります。シンプルな装いを心がけましょう。

何かご質問は？

Chapter 5

お金がものを言う（その1）

自分の価値を知る

価値に見合った報酬を得る

経済的自由をともなわない

市民の自由は、机上の空論にすぎない。

〜シモーヌ・ド・ボーヴォワール（作家・政治活動家）〜

生活のためにクリエイティブな仕事をしていても、お金のことをついつい避けようとしてしまいがちです。お金にまつわる作業はつまらないし（あながち的外れでもないのですが）、お金の管理そのものが「非クリエイティブ」であることからも、後回しにしたがる人が多いのです。クリエイティブな仕事の評価は主観に左右されるので、値段をつけるのは簡単ではありません。お金に関してやるべきことを後回しにしたくなるときには、どうしたらいいでしょうか？　あたかもお金になど興味がないかのようにふるまえば、やらない口実になるのでしょうか？

職場でお金のことをあからさまに話すのは歓迎されませんが、クリエイティブな業界では、なおさらそういう傾向が強いと言えるでしょう。ときには、お金を見下すような風潮があったり、自分のクリエイティビティの対価としてお金をもらうこと自体に抵抗感を持つ場合もあります。ことお金に関しては、どこから手をつけていいのかわからないというのが正直なところです。

でも、お金を管理したり、仕事の内容に報酬が見合うようにすることは、クリエイティブでおもしろい部分に勝るとも劣らない、れっきとした仕事の一部なのです。自営業の場合や自分のアイディアをビジネスにしたい場合はまさにそうです。お金の管理に明るいことは女性にとっては特に強力な武器ですし、自分の仕事に関わる経理の実体を把握しておくのは今からでも決して遅くないのです（早すぎることもありません）。自分のお金を自分で管理できるという自由さは、仕事の面でもプラスに働くでしょう。

ですから、もう言い訳はやめましょう。本章と続く第六章はお金にいかに「向き合う」かについてです。読めばきっと、お金との付き合い方がわかるでしょう。

01 給与水準

たいていは友達や同僚と給与の話をするのはタブー視されているので、誰かと比較して自分の給与が高いのか安いのかを判断するのは簡単ではありません。手始めに、同業の友達や助言者《メンター》、リクルーターから、自分に関連している業務や企業、あるいは、フリーランスの報酬の世間相場をそれとなく聞きだしましょう。同じ業界でも、さまざまな職種の人から情報を集めると幅広い視点が得られます。なぜ知りたいのか、その理由を率直に伝え、聞かれた相手が答えにくそうなときにはそれとなく話題を変えるという配慮は必要です。

ある職種に対していくらの給与をもらえればOKだと思うかとか、正当な対価はいくらだと思うか、といった質問の仕方がいいでしょう。それだと「あなたの給与はいくらですか?」と聞くほど露骨ではない分、参考になる答えが返ってきやすいからです。オンラインの給与調査も参考になりますが、業界特有の事情が織りこまれているかを、実際にその仕事に携わっている人に確認したほうがいいでしょう。

02

給与アップの交渉をする

用意は周到に

業界全体や社内を見わたして、自分の仕事と業務内容の近いものを参考に基準となる額を決めておきましょう。《ブロードリー》【訳注:《ヴァイス》が運営する女性向けウェブマガジン】の編集者、ジング・ツジェンがすすめる「二十パーセントルール」を参考にしてみてください(第十章で詳しく説明します)。あなたの業務に新人社員をあてるとしたら会社はいくら払うべきか? まずはそこからのスタートです。

重要なのはタイミング

会社への自分の貢献度と今後の見

通しについて話したいと言って、上司に面談を申し入れましょう。その際、面談の目的をはっきり伝えることが大事。上司にも、準備する時間を与えなければならないからです。不意打ちされたくないのは、みな同じです。

▽あなた自身も勉強を

自分と直接関係のあることだけでなく、会社全体の動きについてもよく調べておきましょう。リストラ？　経営陣の交代？　業務拡大？　どれも、あなたが要望を出すタイミングやその結果を左右する重要な要素となるかもしれません。

▽リハーサルをしよう

給与交渉をする機会はそうそうあるわけではないので、交渉自体に慣れていないのが普通です。協力的な友達に頼んで上司役になってもらい、想定問答を通してできるだけリハーサルをしておきましょう。

▽論理的に主張しよう

具体的な成果やわかりやすい功績を示して、組織に対するあなたの貢献度を伝えましょう。「私は〇〇したい」とか「私には〇〇が必要だ」というような感情的な表現は極力避け、「私は〇〇を達成した」とか「私は〇〇に値する」というような言い方を選びましょう。要望はあくまでもビジネスライクなものとし、（仮にそうだったとしても）個人的な希望やニーズを押し通そうとしていると思われないようにすること。上司と同じ次元で話ができるように、話し方はあくまでも客観的に。

▽沈黙の効果

ひとたび自分の言い分を伝えたら、頭のなかにある具体的な金額や許容できる金額の範囲をさらっと口に出して、上司の反応を待ちましょう。お金の話をするときには誰もが気まずくなりがちですが、沈黙を埋めようとダラダラ話し続けたり、補足説明を加えたり、やたらと理由を並べ立てたりするのはやめましょう。球はもう上司の側にあるのです。とりあえず回答を待って、そこからまた交渉の糸口を探りましょう。

▽書面で残す

話し合いがどんな結果に終わっても、合意した内容は書面にしておきましょう。議事録の書き方次第でその後のやりとりの流れも変わってくるので、話し合いが終わったらすぐに、すべての合意事項についてメールで確認しましょう。

▽目標を定める

上司に「ノー」と言われたら、ではどうしたら給与を上げてもらえるのかを聞いておきましょう。上司とともに明確で現実的な目標を設定し、次にこの話をする時期も決めておくとよいでしょう。その次のときにもまた上司に「ノー」と言われたら？　そろそろ別の仕事を探す時期かもしれません。

03 条件交渉

念願の仕事のオファーが来たとしましょう。おめでとうございます！　就職活動は、わずらわしく長引きがちです。そのため、ようやく新しい仕事に就けそうになったときには、雇用主からの最初の提示条件に飛びつきたくなるもの。嫌な仕事から抜けだしたいと思っている人や、いつも相手の言いなりになってしまう人ならなおさらです。

でも、この段階でしっかり交渉しておくことがとても重要です。その会社でのあなたの今後の給与や昇給はすべて、採用時の最初の給与が基準となるので、その額はできるだけ高いほうがいいに決まっています。また、ほとんどの場合、最初にオファーされる給与は、あなたが金額交渉をしてくることを想定して、その業務の給与範囲の最低レベルに設定されている点を忘れないでください。では、交渉を有利に進めるにはどうしたらいいか、いくつかアドバイスを差し上げましょう。

▽有利な立場を利用して

採用業務が好き、という雇用主はそうそういるものではありません。時間がかかるし、楽しいものでもないし、まったく割に合わない業務だからでしょう。あなたにオファーするとき、向こうにしてみれば、ここであなたに決まればもう採用業務をしなくてすむと期待しています。そうであるなら、あなたのほうはそれを利用しない手はありません。あなたは選ばれた「最有力候補」として、この段階ですでにかなり有利な立場にあるのですから、お金の面では強気に出ましょう。

▽まずは慎重に

採用面接の開始早々に一定の額で話がまとまってしまわないようにしましょう。あなたの価値が過大評価される、あるいは過小評価される、そのいずれかになってしまうリスクがあるからです。希望する金額を提示するようにと強く求められたら、特定の金額ではなく、できるだけ幅を持たせた広い範囲で提示しましょう。面談を通じて、その仕事で期待されていることが思っていたより重大だと思ったら、遠慮せずに金額を上げて再提示しましょう。ただし、そうする理由も率直に伝えること。

▽クールにふるまおう

素直じゃないと思うかもしれませんが、新たな仕事のオファーを手放しで喜んだり、その仕事を受けることをすでに決めているかのような素振りを見せるのはやめましょう。雇用主はあなたがまず間違いなく仕事を受けるだろうと思ったとたん、雇用条件を見直す気がなくなります。終始なごやかなやりとりをしながら、あえて態度は明確にしないよう心がけましょう。

▽焦らないこと

まったく心づもりがないときにオファーを受けたからといって（つまり、メールではなく、いきなり電話や直接会ったときにオファーを受けたとしても）、そこで提示された金額にすぐに回答しなければと焦ることはありません。オファーの内容を吟味する時間がほしいと申し出ていいのです。そうやって考えをまとめたうえで、よりよい雇用関係となるように話してみましょう。

04 金額を決めよう

大きなプロジェクトや手数料の見積もりをするときは、なんの情報もなしに見積もるのではなく、まずはクライアントに予算を聞いてみるのが得策です。そうすれば、先方の想定を大幅に超えた額を見積もってしまったり、逆に、安く見積もりすぎて損をするということもなくなります。それでももし、クライアントの提示額があなたの希望額に届かないとか、あなたとしてはぜひともやりたい仕事だというのなら、ただ単に金額を下げるのではなく、個別の仕事内容のほうで交渉の余地がないか（つまり、実際の作業を減らせないか）を探ってみて。そうすることで、あなたの仕事を変に安売りせずにすみます。

05 金額を見直そう

フリーランスの人は、報酬の金額を定期的に見直すこと。最近、手がけた作品が有名店に並んだり、有名ブランドの仕事をしましたか？　その実績があなたの価値にどのような影響を及ぼすかを考え、それに沿って報酬額も調整しましょう。金額は少しずつでも着実に上がっていくのが望ましい形です。常連のクライアントに対しても、（礼は尽くしながらも）値上げを遠慮することはありません。もっとも、一般的には、年に二回以上の値上げは避けるべきです。今後の仕事については値上げもありうることを率直に伝えつつも、これまでの取引関係に免じて、もう一回だけ、値上げ前の金額で引き受けてもよいと申し出てもいいでしょう。向こうが値上げを受け入れなかったりしぶったりするようなら、そことは徐々に関係を絶ち、価値に見合った金額の支払いをいとわないクライアントを探すことにしましょう。

06 無償で働くということ

クリエイティブな業界の悪しき現実として、駆けだしの人にありがちなのですが、無報酬で働かされることがあります。そんなときは（くだらない）通過儀礼とでも割り切って。あるプロジェクトのオファー金額が「ゼロ」だったら、その時間に値するだけの何か具体的なもの――そのプロジェクトに参加したという実績、何かの推薦が得られること、大きなプラットフォームで仕事ができることなど――が得られるかがポイントとなります。このあたりのことも、遠慮せずに最初の段階で要求しておくこと。あいまいにしておくと、どれも手に入りません。

通過儀礼であるかどうかは別として、自分の価値を知るということは、自分の時間とアウトプットにたとえわずかでも価値を見出すことにほかなりません。経験が豊富になってきてからも、メディアへの露出度や名声が高まったり人脈が得られたりするのであれば、無償ないしはわずかな金額で仕事をしてもいいというケースもないとは言えません。でも、普通は、露出度が上がっても生活費には直結しないもの。ですから、報酬はちゃんと支払ってもらうべきなのです。実収入のある仕事を犠牲にして、無償の仕事に時間を割いているのならなおのこと。

クリエイティブな業界では無報酬の仕事が多く見られますが、こびへつらって（あるいは強要されて）そういう仕事を引き受けるのはやめましょう。「あいにくこれには予算がなくて」と言うクライアントに限って、無報酬ならやらないときっぱり断られると、そこそこの額ならすぐに出してくるものです。ときにそれは、ちょっと交渉をすればいいだけの話だったりするのです。無報酬のプロジェクトも「あなたのポートフォリオにプラスになるのでは」などと言ってくるクライアントには要注意。それはあなたが決めることであって、彼らではありません。

Chapter 6

お金がものを言う(その2)
金銭管理をする

自分の身は自分で守る

世の女性たちみんなに言いたいわ。
9時5時のヒラ社員にも
上司みたいにふるまってほしい。
偉そうにするってことじゃなくて、
自分が何をしたいかがはっきりわかっているってこと。

〜ニッキー・ミナージュ(ラッパー)〜

ようやく給料日が来たとか、半年前に書いた雑誌の記事の報酬がやっと支払われたなんていうときに、お金が入ったはいいけど、それをどうやって管理するかって？　よくぞ聞いてくれました。ビジネス初級編へようこそ！

01 予算を立てる

何にどのくらいお金を使うべきかのシンプルなルールは五十／二十／三十ルールです。基本的に、手取り収入の五十パーセントは家賃、公共料金、食費、交通費などの生活必需品に、少なくとも二十パーセントはすぐに使わずにプールしておく分で、たとえば、年金（これ、本当に大事）、

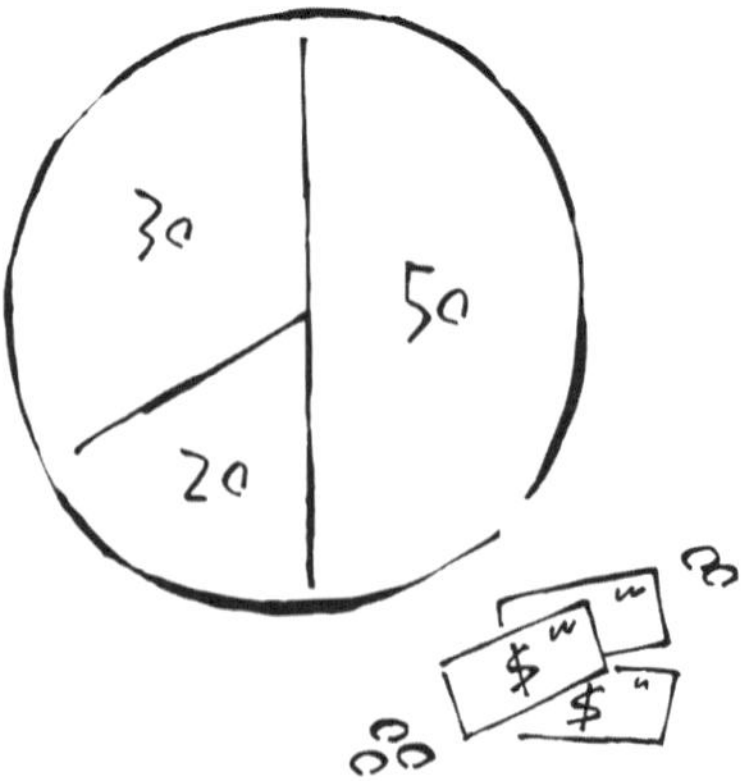

緊急時のための貯金、学生ローンの返済、その他負債の返済などにあてます。残りの三十パーセントは自分が楽しむため、そう、服や外食、旅行など必需品以外のものに使います。

この比率はそれぞれの状況によって微調整が必要でしょう。たとえば、物価の高い街（まさしくロンドンもそのひとつ）に住んでいれば、五十パーセントルールを守るというのはしょせん無理な話。家賃だけでこの比率をゆうに超えてしまいます。それでも、この五十／二十／三十のガイドラインは初心者が自分のお金の使い方を考えるスタートラインとして、とても便利です。

02 まずは自分のために

なんらかの理由で働けなくなったり、失業したりしたら、貯金だけでどのくらい暮らしていけるでしょうか？　理想は少なくとも三～六か月。つまり、三～六か月間は家賃その他の支払いや生活費をカバーできるくらいの額があるといいという意味です。支出を考える際に何より優先すべきは、万が一のことが起こったときにどうにかなるだけの経済的な余裕があるかということです。ちなみに、ポーレット・パーハッシ【訳注：アメリカのライター。貯蓄や資金管理に関する記事を多数執筆している】はこれを「くそったれファンド」と呼んでいます。給与を手にしたら、真っ先にそれを貯蓄口座に移す。あるいは、毎月口座から自動引き落としにするほうが手軽ならそれでもいいでしょう。この貯金は、悪い状況から脱するための非常用資金です。決して軽んじてはいけません。

03 支出を把握する

世の中がますますキャッシュレス化してくると、支出を把握するのはひと苦労。面倒でも、銀行の預金残高は定期的にチェックすること。いや、面倒ならなおさら定期チェックを怠ってはいけません。たいていの銀行は、週ごとに残高をメールで通知するサービスを提供しているので、直近の自分の経済状態がわかります。数か月に一度、十五分だけ使って自分のお金の動きを確認し、何にお金を使っているのかを具体的に把握しましょう。そうすれば、想定外の出費や節約できる部分を見つけることができるかもしれません。アメリカでは、支出を把握して予算を立てるのに最適なツールとして《ミント》アプリがあるし、イギリスでは、バンキングサービスの《モンゾー》がアプリを通じてすべての銀行取引をカテゴリーごとに整理し、支出傾向の分析までしてくれます。インスタグラムをスクロールするときのような手軽さでできるので、とても便利なものです。

04 フリーランスの場合の資金管理 税金

自営業の場合、税金対応は少々複雑です。自分では何もしないで雇用主任せの会社勤めの場合とはわけが違います。まずは、きちんとした税理士を雇いましょう。経費はかかりますが、お金の使い道としては適切です。税理士がいれば、あなた自身の時間の節約になるし、いろいろなことが格段に楽になります。優秀な税理士なら、法人組織にするとか、年度をまたがって所得を申告するなど、もっとも節税効果のある方法をアドバイスし、収入が少しでも多く残るように取り計らってくれるはず。

月ベースや四半期ベースで支払わなければならない税金を把握し、そのための資金を確保しておけば、税金を支払う時期にお金が足りなくなって困ることはありません。心配なら、ギリギリより多めにキープしておきましょう。税金の支払いを終えた後にいくらかお金が残ったら、そのときこそ自分へのご褒美を！　十五分もあれば、《アイサ（ＩＳＡ）》【訳注：イギリスの個人貯蓄口座。資産形成や貯蓄の手段として広く定着している】を簡単に開設できるので、税金にあてる分を預金しておくといいでしょう。ＩＳＡで貯めたお金は非課税で利子がつくので、ほんの少しですが、税金を払う前に自分のお金を増やすことができます。ＩＳＡにはリスクの高いタイプもあるので、お金を預ける前には必ず信頼できるファイナンシャルアドバイザーによく相談し、あなた自身がこのあたりの仕組みをよくわかっておくことが大切です。

05 フリーランスの場合の資金管理 経費

自営業では、事業（事実上はあなた自身）の経費の多くは、課税される利益がいくらになるかを計算する際に、総所得から控除されます。控除や免除や手当は意外と対象が広いことが多いので、しっかり把握しておくことが大切です。税務申告の時期になって慌ててくしゃくしゃの領収書を山ほど整理するのではなく、月に一回は経費作業をしましょう。《ゼロ》、《フリーエージェント》、《フレッシュブックス》のような有料の会計ソフトはどれも、収入と支出を管理するのにとても便利なツールです。《フリーエージェント》では、追加機能として出先からスマホで領収書の写真をアップすることもできるので、小さな紙切れの山を相手に途方にくれたり、そもそも個々の支出をすっかり記録し忘れたといったことにならずにすみます。

06 フリーランスの場合の資金管理

キャッシュフローを管理する

死と税金が必ず避けられないものであるように、自営業の身に必ずついて回るのは、キャッシュフローに波があるという悲しき現実です。このことをいつも頭の片隅に置いて、大きな金額が入っても、舞い上がって派手に使うことがないように気をつけましょう。きっと近いうちに、顧客からの支払いが遅れるケースがたくさん出てくるからです。

どんなに収入が不安定でも、自分のとり分は切り崩さないようにしてください。経済的なゆとりが持てれば、大口案件や決まったクライアントからの発注などを当てにせずにすみます。仕事を選ぶときにも、より確実な収入につながる仕事という観点から選べるようになります。個人事業主として起業するか、法人にするかに関わらず、事業と個人的支出の銀行口座を分けることで収入の管理はぐっと楽になり、確定申告の時期になると、それをなおさら実感するでしょう。

07 フリーランスの場合の資金管理

契約とSOW（業務範囲）

どんなプロジェクトでも、事前に契約書を取り交わして条件をはっきりさせておかなければなりません。新しいクライアントとの仕事であれば、なおさらです。形式的すぎるように思われるかもしれませんが、お互いの要望を確認し合い、お互いの権利を守るには、書面による合意が重要です。契約書では以下がカバーされていなければなりません。

- SOW（業務範囲）：報酬に含まれるものと含まれないものの範囲を明確にすること。
- 業務範囲に含まれない業務が発生した場合の請求について。
- 支払いスケジュール：特に大規模プロジェクトや、クライアントにかわってその仕事に関連して第三者への支払いを負担しなければならないようなケースでは、全体の三十三〜五十パーセントを前払い金として受けとるのが一般的です。
- その仕事の成果物の知的財産権が誰に帰属するのか、その詳細についてや、場合によってはなんらかのライセンスに関する明確な合意書もあったほうがいいでしょう。

● プロジェクトのタイミングや期限：クライアントからのフィードバックに必要な時間もプロジェクト期間に含めること。対応の遅いクライアントのせいで、プロジェクトがダラダラと長引くのは避けたいところです。

プロジェクトの成果物については、項目ごとのわかりやすい明細を作っておくこと。そうすれば、クライアントも最終的な金額の詳細を正確に把握できます。プロジェクト全体をざっくりとひとくくりで見るのとは大違いなので、クライアントのあなたに対する信用度が高まります。また、明細があればプロジェクトの一部がとりやめになった（または終了した）場合に、それが予算のどの部分に影響してくるのかを関係者の間で共有できます。プロジェクトの範囲を決めるには、透明性がポイントなのです。

プロジェクトの内容や規模によっては、解約条項を設けて「解約金」について規定しておくことも考えましょう。こうしておけば、あなたが業務に着手した後になんらかの理由でプロジェクトがキャンセルになっても、少なくともやったところまでは補償が得られるからです。あなたと同じようなクリエイティブな仕事をしている人たちに聞いてみれば、その職種での標準的な条件が把握できるでしょう。たとえば、ライターが当事者となる契約書はデザイナーやイラストレーターの契約書とかなり違うこともありえるからです。

08 フリーランスの場合の資金管理

クライアントへの請求

各業務の支払い状況を記録し、請求内容をきめ細かくフォローできるような、しっかりした仕組みを作りましょう。手がこんだものでなくていいのです。簡単なエクセルのスプレッドシートで十分ですし、オンラインで便利な無料テンプレートがいくらでも入手できます。請求書は、送る場合も受けとる場合もコピーを保管し、以下の項目が盛りこまれていることを確認しましょう。

- 名前／会社名
- 会社番号【訳注：イギリスで、会社を法人として登記する際の会社登録番号のこと】（該当する場合）
- VAT（付加価値税）の支払者番号（登録している場合）
- 所在地
- 書類に「請求書」と記載してあること
- 自分で管理しやすい請求書番号
- クライアントの名前と住所
- 日付（請求書が発行された日のエビデンスとして）
- 項目と概要：提供したサービスについて簡潔に説明し、最終的な報酬額が日給ベースの場合は時間の内訳も記載のこと
- 支払い条件：支払い期日と、期日通りに支払われなかった場合のクライアントへ

の罰則について明記した支払い遅延条項を記載のこと
- 振込口座情報：名義、銀行名、口座番号、支店コードを忘れずに
- クライアント発行の案件・注文番号
- 大きな会社の経理部門あてに請求を行う場合は、発注担当者の名前や部署なども参考までに記入のこと

09 フリーランスの場合の資金管理 支払い遅延への対処方法

フリーランス泣かせとも言える、未払い請求書。そのフォローに、毎週一定の時間をあてましょう。請求書に支払い遅延条項を設ける（そして、それを実行する）以外に、期日通りの支払いを担保する方法として、「全額が支払われない限り知的財産権はクライアント側に移転しない」という条件を契約書のなかに含めること。これは、支払いがきちんと完了するまではクライアントはあなたの仕事の成果を利用できないことを意味します。クライアントに対して大きな影響力を持つので、知

的財産権が誰に属するかが重要な仕事の場合には特に有効です。

10 自分の作品を守る

クリエイティブな分野で仕事をするなら、知的財産権について少なくとも基本的な知識を持っている必要があります。あなた自身の作品を守るためというのがおもな理由ですが、知らないうちに他人の知的財産権を侵害して面倒なことにならないようにするためでもあります。ソーシャルメディアやインターネットのおかげで、自分の仕事を簡単に公表できる時代ですが、同時に、ほかの人があなたの仕事の成果を勝手に利用しやすくなっているのも事実です。

クリエイティブな仕事をする者にとって、アイディアや作品は最大の資産。悪用されたり、だまされたり、奪われたりすることのないよう、必要な手を打っておくことが不可欠です。

11 自分の権利を知る

商標権も著作権も知的財産権を保護するものですが、その保護の仕方は少し違っています。一般に、商標権が対象とするのは、名前、キャッチフレーズ、ロゴなど、あなたのブランドを他社と区別する固有のモノです。一方、著作権はオリジナリティを持つクリエイティブな作品（たとえば、書かれたもの、音楽、写真など）を保護の対象としており、その制作者は自分の作品を誰にどのように使用させるかを決定する権利を持っています。

12 権利を主張する

ブランドやビジネスを立ち上げる際の第一歩は、ブランド名やロゴを商標登録することです。英国知的財産庁（イギリス）、欧州連合知的財産庁（EU）、米国特許商標庁（アメリカ）などに商標登録しておくと、その対象物に関する所有権が法のもとできちんと守られ、誰かがその商標を悪用したり侵害したりしたときには、あなたの権利を主張しやすくなります。また、手がけた作品の所有権を著作権マーク（©）や著作権表示（著作権者や著作物の発行年に関する表示）で明確にしておくことも有効です。イギリスには公式な著作権登録制度がありませんが、アメリカを拠点に活動しているのであれば、米国著作権庁を通じて作品の著作権を正式に保護することができ、誰かがあなたの作品をコピーしたり盗んだりした際の法的保護がさらに強まります（もっとも、この正式登録なしでも作品の著作権は保護されていますが）。

13 契約書を交わす

あなたの権利を守るという意味でも、活動の条件を明記した契約書を交わすことはとても重要です。以下のような条項に注意しましょう。

▽職務著作

「知的財産」は非常に価値のある資産です。自分が手がけた仕事に関わる権利は保持するのが一般的ですが、クリエイティブな業界では、「職務著作」（知的財産権が自動的にクライアントに帰属するもの）の制作を依頼されるケースもよくあります。とはいえ、クライアントが作品の「使用権」ではなく「所有権」を譲渡するよう求めてきたら、それを交渉の切り札にして請求額をアップすることも可能です。いずれにしても、契約書の当事者となったら必ず、完了した仕事の知的財産権の帰属先について明記しておくこと。

▽補償条項

補償条項を入れるのが一般的になっていますが、対象範囲が広すぎたり、罰則が厳しすぎたりしないかどうか、チェックするようにしましょう。

▽成果物

仕事の過程であなたが生みだした作品は、プロジェクト終了後にあなたの所有となるでしょうか？　最終的にひとつに絞られる六つのコンセプト案があったとして、不採用になった五つの案はその後、別の目的のためにあなたが自由に使えるのか

（たとえば、将来別のクライアントのプロジェクトで）、それともクライアント側が所有権を持つのでしょうか？　途中、想定外のことで不愉快な思いをしなくてすむよう、前もってこの点をクリアにしておきましょう。

同じように、会社勤めをしている従業員の仕事の知的財産権は雇用主に帰属するのが一般的です。雇用契約に署名する際には、契約期間中に自分が生みだした作品を、その会社を辞めた後に使用したり、収益化したり、シェアしたりできるかをはっきりさせておきましょう。

コンテンツのクリエイターやメディアで働いている人の場合には特に、大きなプラットフォームで恵まれたリソースを使って仕事をすることと引き換えに自分が生みだしたアイディアの所有権を手放さなければならないとしたら、それがはたして魅力的な選択かどうか、よく考えたほうがいいでしょう。

知的財産権の問題や契約条件について不安があるときには、プロの助けを借りるのが一番です。知的財産専門の弁護士に相談しましょう。ビジネスの世界の法廷闘争でもっとも費用がかかるのは、知的財産権をめぐってのものです（《ルブタン》VS《イヴ・サンローラン》がその代表例です）。そんな心配をしなければいけないほど自分は大物じゃないと思うかもしれませんが、あなたのアイディアがいつ大当たりするかわかりません。知的財産権に関する判断は、広範囲にわたって影響を及ぼします。のちのちまでその判断が思いもよらない形で関わってくるものなので、知的財産権の保護は万全に。

イギリスを拠点に活動しているのなら、英国商標代理人協会（ＩＴＭＡ）が商標登録の手続きをしたい人向けにさまざまな無料サポートや法律相談を行っています し、大英図書館ビジネス・知財センターでも同じようなサービスが受けられます。

【訳注：日本では特許庁や各地方自治体で、知的財産に関する各種法律相談に乗ってくれる】

14 マネージャーを雇う

マネージャーを雇うと、より大口の仕事をとってきてくれたり、プロフィールの内容をより魅力的にしてくれたりと、あなたのキャリアをワンランク上げるようなサポートが得られます。マネージャーの役割は、資金面と営業面のサポートです。つまり、あなたにかわって契約や報酬について交渉したり、あなたが働きに見合った報酬を確実に得られるようにしてくれます。

一般的に、マネージャーがいると仕事が獲得しやすくなると言われています。彼らは業界内に独自のネットワークを持ち、そこから内部情報を手に入れられ、さまざまな機会にアクセスできるからです。優秀なマネージャーというのは、あなたの才能やキャリアを伸ばすサポートをし、方向性を持たせてくれたり、軌道修正してくれたりします。

マネージャーを雇おうと考えているなら、まずは情報を集め、何人かの候補と会ってみてから決めましょう。その関係はあくまで仕事上のものとはいえ、相性のよさはとても大事。あなたの仕事の内容や目標、好みにいたるまでをはっきりと、しかも直感的に理解してくれる相手かどうかが決め手となるでしょう。

Chapter 7

再び学校へ

新しいスキルを学ぶと、いいことずくめ

あなたに新たな可能性をもたらしてくれる
読み物、思考、アイディアを
頭に送りこまなければなりません。

〜オプラ・ウィンフリー（メディア界の重鎮）〜

学校や大学を卒業したからといって、新たなスキルの習得をやめる必要はありません。選んだ仕事と職場が常に自分を成長させ、新しいことを学ばせてくれるなら、それが一番理想的です。でも、ときにはひとつの分野をじっくりと極めるのも有意義なものです。ずっと温めてきた関心分野がある人も、ちょっと刺激を受けに行きたいだけの人も、どのようにして、なぜ、どこで学ぶか、参考にしてください。

01 なぜ学ぶのか？

第二のスキルを身につけると、就職しやすくなり、見合った給与も保証されます。自分の生みだした作品が直接収入につながると、その分野の活動で手いっぱいで、それ以外のことをする余裕はないのが普通です。でも、第二章で触れたように、新しいことを始めてみると、新たな視点が備わって本業にもいい影響が出てくるかもしれません。

▽自分のことは自分でできるようになる

新たなスキルを身につけるのは、長い目で見れば金銭的な節約につながります。たとえば、《フォトショップ》の基礎や《インデザイン》のコースを受講すれば、お金を払って別の人にやってもらわなくても、自分で基本的なデザインワークができるようになります。

▽健康にもいい

新しいことを学ぶと脳は活性化され、新しいコンセプトやスキルを吸収しやすくなります。それに、自分の慣れ親しんだ領域から一歩踏みだし、少しだけ前に進んでみることでちょっとした達成感も味わうことができるでしょう。

▽キャリアを明確にする

新たなスキルを身につけると、それまで考えてもみなかった分野に刺激を受けて、向上心が高まることがあります。大人向けの学習講座がきっかけでキャリア転向につながるのは珍しいことではありません。何か特定の分野に興味があるなら、まずは慎重に短期コースから試してみるのがいいでしょう。新たに習得した知識が、新しい扉を開いてくれるかもしれません。

02 どうやって学ぶか

一番の問題は、学びを深めるための時間とお金をどうやって捻出するかということです。教育機関の多くは遠隔地学習やオンラインでさまざまな学習機会を提供していて都合のいい時間に受講できるので、仕事で日中の講座に通うことができない場合には便利です。広く社内に公表されてはいないかもしれませんが、雇用主が従業員の研修や能力開発の費用を一部または全額補助しているケースもあるので、どんな補助があるのかを人事部に問い合わせてみましょう。また、地方自治体がさまざまな大人向け教育講座をリーズナブルな料金で提供していることもあります。そういったものは、家の近所で受講できる点も便利です。何人かのグループで学習する場合には、ほかの人たちも同じ立場で同じぐらい緊張しているはずなので、怖がらずにどんどん質問して、投資に見合った成果が得られるようにしましょう。

03 どこで学ぶか

最適な学習スタイルは人それぞれ異なります。ひとりで試行錯誤を繰り返しながら学びを深めていく人もいれば、体系的な学習環境で伸びる人もいます。もう少しガイダンスが必要な人のために、身近にある大人向けの学習情報のなかからいくつかをご紹介しましょう。

▽《ジェネラル・アセンブリー（GA）》

《GA》は「起業家のためのグローバルな学習ネットワーク」を売りに、テクノロジー、ビジネス、デザイン、マーケティングの学習コースを設け、就職あっせんにも力を入れています。世界の主要都市にたくさんのキャンパスがあり、スケジュールのオプション（本科か単科コースか、オンラインか通学か）も豊富なので、九時五時で働いている人もフレキシブルな勤務体系の人も、自分に合ったコースが見つかるでしょう。長期のコースや通学講座の受講料は少し高めですが、オンラインワークショップや短期コースは十五ポンド／二十ドルくらいからあります。

▽《スキルシェア》

《スキルシェア》は、クリエイティブな仕事をしている現役の人たちが講師を務める、オンライン学習のサイト。自宅でリラックスしながら、自分のペースで受講できるのが利点です。講座の種類はデザインからSEO【訳注：検索エンジン最適化。サーチエンジンの検索結果のページの表示順の上位に特定のウェブサイトが表示されるようにする技術のこと】スキルまで幅広く、無料講座、利用講座ごとの支払い、月額利用料ベースと、どのような利用形態も可能です。各講座は非常に短いので（だいたいどれも三十分以内）、朝の通勤時間を使って新たなスキルを身につけることも可能です。

▽《ドュオリンゴ》

楽しい語学学習アプリです。一レッスンがとても短いので、第二外国語の学習にはぴったりですし、次の旅行先で使えそうなキーフレーズをいくつか覚えるにはちょうどいいツールです。

▽《リンダ》

《スキルシェア》と同じように《リンダ》も、ビジネス、テクノロジー、クリエイティブスキルなど、さまざまな分野で専門家を講師に招いたオンライン講座を有償、無償の両方で開講しています。たとえば《フォトショップ》や《インデザイン》などのソフトの更新状況をしっかりキャッチアップしたい人は、ソフトのプログラムの最新バージョンを解説する「フォローアップ」クラスがあるので、特に便利です。

▽《シティ・リット・ロンドン》

ロンドンの大人向け学習の大手《シティ・リット》はありとあらゆる科目の講座を設けていて、卒業生たちからのレビューも高評価です。講座は夜間や週末に開講されるものも多く、単発の講座も多数あるので、九時五時勤務の人でも受講可能です。講座に申しこむと、同社のモダンなビルとカフェが利用できるので、ロンドン中心部に設備の整ったワークスペースを確保したようなものです。

▽《ブリット・アンド・カンパニー》

オンライン上のクリエイティビティハブ《ブリット・アンド・カンパニー》は、より実践的なスキルを求めている人向けの技術やＤＩＹ（日曜大工）講座が中心になっています。プログラミングの基礎やウェブページデザインなどのトピックについてもわかりやすく、すぐに実践できる形で解説をしています。

Chapter 8

ネットワーク作り

誰を知っているかは、
何を知っているかと同じくらい重要

信じるのです。

考え抜き、揺るぎない意志を持つにいたった人たちなら、たとえ少数でも世界は変えられると。

実際に、世界を変えてきたのはそんな人たちなのです。


〜マーガレット・ミード（文化人類学者）〜

「ネットワーク作り」というとあまりよい印象を持たれないかもしれません。会社の堅苦しい行事や名刺でポケットがいっぱいになったスーツだけを連想する人も多いでしょう。もともとネットワーク作りがうまい人もいれば、「感じよくふるまう」ぐらいなら冷たいペンキを飲むほうがましだくらいに思っている人もいるのです。ですが、新人でもベテランでも、ネットワーク作りがうまいに越したことはありません。「何を知っているかでなく、誰を知っているかだ」とはよく言ったもので、新たな機会はあなたが知っている人からもたらされることが多いのです。それでは、スマートなネットワーク作りについてご説明しましょう。

01 ネットワークは全方位に

業界内のキーパーソンに接触するのはよいのですが、こういう人たちはたいてい忙しく、その人たちに時間を割いてもらいたいと思っている人はたくさんいます。一方、同僚同士のネットワーク作り（つまり、あなたと同レベルのキャリアを持つ人たちと知り合うこと）も同じぐらい重要です。アイディアを投げかける相手として、同僚は先輩たちと同じぐらい大切な存在なのですから、手軽なネットワーク作りの機会をおろそかにしないこと。それに、彼らとはおそらく今後一緒にキャリアを積んでいくことになるので、今ここで関係を作っておけば、この先さらに役に立つかもしれません。効果的なネットワーク作りとはすなわち、息の長い関係を作ることなのです。

02 相互的な関係を

ネットワーク作りがうまい人は、自分のまわりだけでなく、ほかの人が抱えているプロジェクトや直面している問題にも大いに関心があります。こちらから求めるばかりでなく、まわりに対していつも協力的だと思われるようになりましょう。あなたが何かをしてほしいときだけでなく、相手と仕事上の対等な関係を保てるようにすることが大切です。それには、コネクター役《つなぎ》になることです。接点ができることで互いになんらかの利益につながりそうな人が知り合いにいれば、引き合わせてあげましょう。あなたとの関係に意義を認めればあなたと関わろうとするだろうし、人と人とのいいめぐり合わせはやがて自分に返ってくるものです。

03 まずは軽い雑談から

業界内のイベントであれ、一対一の打ち合わせであれ、会話を始めるときにいきなり「エレベーターピッチ」【訳注：エレベーターに乗っているくらいの非常に短い時間でプレゼンや売りこみを行う技術】を始めるのはやめましょう。会話のきっかけをつかむには、軽い雑談から入るのが効果的。仕事の話

にまで持ちこんだら、その人たちが現在手がけているプロジェクトについて聞いてみましょう。たいていの人は、自分が取り組んでいる最中のことを話す機会を与えられると気分がよくなりますし、単に相手の肩書きについて質問するだけとは違って会話が広がりやすくなります。会話上手な人は、イエス／ノーで答えられる単純な質問ではなく、あえて相手に自由に話させるような聞き方をします。ここで述べたことは、単にそれを応用したものなのです。

04 いつでも、どこでも

プロフェッショナルで興味深い人たちとの出会いをどこで見つけるか、その間口はいつも広くしておきましょう。ネットワーク作りの場は、何もスペシャリスト向けの業界イベントだけではないのです。通常の社会生活のなかで、あるいは友達を通じて、興味深い人と知り合うチャンスはいくらでもあります。

05 コールドメールをする

【訳注：不特定多数の人や、興味の度合いやニーズがまったくわからない人に送るメールのこと】

誰かと実際に会うという貴重な機会を得るのもメールでの依頼から始まることが多く、相手方のすでに満杯の受信ボックスにさらに一通のメールを送りこむことになります。そんなとき、あなたのメールに注目してもらうにはどうしたらいいでしょうか？

▽はっきりと書く

メールの目的を最初から明確にすること。件名にインパクトがあるかどうかで、相手がメールを開けて読もうとするか、ただちにゴミ箱に入れるかが分かれるかもしれません。迷惑メールや一般向けメールに振り分けられないよう気をつけましょう。また、妙に遠慮して本題をぼかすのもやめましょう。どうしても言いたいことがあり、そうすることで相手からの反応が引きだせそうであるなら、出し惜しみすることはありません。それをメールの件名にもはっきり書きましょう。

▽簡潔に書く

最初のメールは、数行以内におさめてください。くれぐれもエッセイにならないように。長いと読んでもらえません。向こうがもっと情報をほしがるようなら、興味を持っている旨の返事があるはずなので、そのときに対応すればいいでしょう。

▽相手に関係する内容に

なぜ、その人にコンタクトしているのかを説明しましょう。ありがちな一斉送信メールだと思うと誰も返信してこないので、メールの内容を相手によって変え、その人やその人の仕事と直接関係があることを示してください。

▽聞きたいことははっきりと

メールを受けとった人が、何を聞かれているかがはっきりわかるようにしましょう。「あなたのお知恵を拝借したい」というような漠然としたフレーズは避けたいところです（たとえ、あなたが言いたいことがそれだったとしても）。何を求められているのか、相手が悩まなくてすむように、メールをざっと読めば二、三の質問にすぐ「イエス」と答えられる形で持っていくのがベストです。そうすることによって、その人との交流から何を得たいのか、あなた自身にもはっきりとわかってくるでしょう。

▽粘り強く

返事がもらえなかったとしても、怖がらずにフォローを続けましょう。ただし、一週間程度は様子を見てからにすること。メールの嵐で相手にせっつくのは論外です。フォローアップのメールは、二通までがしつこいと思われずにすむ限度でしょう。そこまでしても返事がなければ、その人へのアプローチはやめたほうが無難です。

06 実際に会ってみる

最初のコンタクト方法としてメールは優れていますが、直接顔を合わせることに勝るものはありません。三十分だけでも会ってお茶するほうが、無数のメールをやりとりするよりずっと意味があるのです。誰かにコールドメールを送る際には、よほど急ぎの用件以外は、相手と直接会うことを目指すべきです。どちらでもいい場合でも、ぜひ会うようにしてください。直接知っている人のことはよく覚えていたり、力になろうとしたりするものですが、メールアドレスだけの関係ではそうはいきません。直接顔を合わせる貴重な機会を得られたら、次はそれを最大限に活かす方法をご紹介しましょう。

▽時間に遅れないように

これについては言うまでもないでしょう。

▽下調べをして行こう

ネットで調べたらわかるような質問ばかり用意していくのは論外です。それは単なる手抜き。お互いにとって時間の無駄です。

▽聞きたいことははっきりと（改めて）

メールと同じように、実際に会うときにも具体的な質問や目的を持って臨みましょう。あなたのほうから面談を依頼したのなら、あなたが会話を主導すること。相手にそれをさせてはいけません。

▽時間通り切り上げて

相手が、次の予定に遅れないよう気を配りましょう。常に時間をチェックし、面談時間が延びてもかまわないと言われない限りは約束した時間を守るようにしてください。

▽誰か紹介してもらう

ミーティングを終えるときは、今回の目的のためにほかには誰に会っておくべきか、聞いてみるといいでしょう。関心を持ってくれそうな人を紹介してもらえるかもしれません。ネットワークを広げるにはいい方法で、たいていの人は喜んでコネクター《つなぎ》役を買って出てくれるはずです。

▽フォローアップ

面談の後、一、二日以内、相手の記憶がまだフレッシュなうちに、時間を割いてくれたことに対するお礼のメールを送りましょう。やるべきことや送ることになっていた資料など、そのときに打ち合わせた内容を相手にリマインドするいい機会でもあるし、あなたにとってもリマインドになるでしょう。

Chapter 9

自分本位でいこう

心も体もすこやかに

自分の時間と生活は、うまくコントロールしないと
ほかの人にとられてしまうのよ。

〜ミシェル・オバマ（弁護士・アメリカ前大統領夫人）〜

生産性高く効率的に仕事をするためには、頭と体と心の健康を保つことがいかに大切か、もう十分おわかりいただけたかと思います。それでいて、日々の仕事が忙しくなると、まずセルフケアが後回しにされがちです。健康を犠牲にしてまで仕事を優先するのはなんの得にもならないということを、みんなつい忘れてしまうのです。絶えずストレスにさらされクタクタになっていては、よい仕事などできるはずがありません。セルフケアの実践は、毎日の出勤と同じくらい基本的なこと。どう取り組めばいいか、簡単なアイディアをいくつかご紹介しましょう。

01 心

予防は常に治療に勝るもの。ストレスで押しつぶされそうになる前に、ストレスマネージメントテクニックを確認しておきましょう。効果が実証されている方法としてクリエイティブな仕事の人にぴったりなのが、マインドフルネスです。マインドフルネスとは初期仏教の習慣から派生した瞑想の形態のひとつで、集中力を高め、記憶力を強化するなど、さまざまな効果があります。たくさんの仕事を同時に抱える人にとっては使えるテクニックと言えます。では、どうやってこのマインドフルネスを毎日のルーティーンに組みこむのかをご説明しましょう。

▽朝

朝、目が覚めたら二分間、ベッドのなかで目を閉じたまま、呼吸にただ意識を向けてみてください。その日一日のことを考えて気が散っていたら、その都度、息を吸ったり吐いたりする呼吸の感覚に意識を戻してみてください。

▽仕事中

職場に着いたら数分間、自分の席で同じ呼吸法をして、仕事を始める前に精神統一を図りましょう。仕事でいっぱいいっぱいになっていると感じたら、その都度、繰り返しましょう。

▽移動時間

通勤時間はスマホばかり見てしまいがちですが、せめてその時間の一部だけでも、音楽を消してスマホをバッグにしまい、自分の呼吸に意識を向けてみてください。

▽寝る前

ベッドに入ったら二分間、目覚めたときと同じルーティーンを繰り返しましょう。その日に頭をよぎったさまざまな考えや心配事がすべて溶けてなくなっていく様子をイメージしながら行います。

この一連のエクササイズは、一度にやろうと無理をしないでください。気持ちを落ち着かせることでよい効果が出やすい状況をひとつふたつ思い浮かべ、その状況のなかでまずやってみましょう。

まずは、目覚めたときと寝る前に、呼吸法をセットで実践するとよいでしょう。エクササイズはそのうち習慣化するので、そこから少しずつ増やしていけばいいのです。

02 体

クリエイティブな能力を存分に発揮するには、体から脳への働きかけが重要です。体を優しくケアすれば、いい仕事ができるようになり、アイディアもどんどん湧いてきます。

▽脳に栄養を

一日に摂取するカロリーの約二十〜三十パーセントは脳の機能を整えるのに消費されるので、適切な食事をしていないと脳はフル回転できません。プレッシャーのなかでも健康的な食生活を保つ秘訣は、前もって準備しておくことです。時間に追われていると、いかにも体に悪そうな調理ずみ食品についつい手が出てしまったり、食事を抜いてしまったりします。前もって週末のうちに多めに作っておいて、一週間分の時間とエネルギーを節約してはどうでしょう？　在宅で仕事をしている人なら、すばやくできるランチのレパートリーを増やしておくのも一案です。食間に小腹が空いたときのために、手軽なスナックも用意しておくこと。ナッツ類（甘くない)、ポップコーン、フムス【訳注：中東地域発祥のペースト状にしたヒヨコ豆のディップ】やワカモレ【訳注：メキシコ料理で使う、アボカドをつぶして作ったサルサの一種】のディップをつけたニンジン、ダークチョコレートなどの低GI食品【訳注：GIはグリセミック・インデックスの略。糖質の吸収が穏やかな食品】はすべて「ブレインフード【訳注：脳の機能を高める効果のある食品の総称】」で、空腹をやわらげ、脳パワーもアップさせます。これぞウィンウィンです。

▽睡眠をとる

仕事をうまくコントロールし続けるには十分な睡眠が不可欠で、睡眠の質は量と同じくらい重要です。どちらか一方でも不足していると、日中の活力や生産性のレベルに直接影響が出てきます。ベッドに入る前の三十分間は本を読みながらくつろぐなど、忙しい一日の終わりに脳をスローダウンさせましょう。このくつろぎタイムには、スマホやパソコンの画面は開かないこと。寝る直前にブルーライトを浴びると、眠りへと導く化学物質が体内で十分に分泌されず、睡眠の質が著しく低下するからです。寝る前には必ずスマホをマナーモードにし、ノートパソコンもベッドルームに持ちこまないこと。ベッドとは本来、安らぎの場所です。ストレスを引き起こすものであってはなりません。間違ってもベッドのなかでメールの返事を打ったり、オンラインバンキングをやったりしないこと！

体を動かそう

エクササイズのための時間を定期的に作るのは、セルフケアを実践するうえでとても大切です。エクササイズによって分泌されるエンドルフィン【訳注：脳内ホルモンのひとつで、心肺機能を高める運動をすると脳内に分泌され、高揚感や満足感が高まると言われている】の効果で、どんなに最悪な気分でも上向きになり、頭が柔軟になり、あなたのなかのクリエイティブな感性も高められます。

週に運動を二、三回するのが理想的ですが、そのエクササイズを日々のルーティーンにできるかどうかは、それが心から楽しめるものかどうかにかかっています。ランニングに熱心な人やソウルサイクル【訳注：ニューヨーク発祥のバイクエクササイズに特化したフィットネスジム】にはまっている人がまわりにたくさんいるからといって、あなたも同じようにそれを楽しめるとは限りません。いろいろと試してみて、あなたにぴったりのものを見つけてください。肺機能に負荷がかかるほどの有酸素運動の上級クラスなのか、リラックスできるヨガクラスなのか、あるいはその中間かもしれません。

エクササイズには、お金をかける必要もありません。高いお金を払ってスポーツジムの会員になるくらいなら、自宅でくつろぎながら無料アプリや YouTube のフィットネスチャンネルで人気のパーソナルトレーナーからトレーニングを受けたほうがいいでしょう。まずは《フィットネスブレンダー》や《ナイキトレーニングクラブ》のアプリから始めてみては？

03 バランスをとる

クリエイティブな業界では、仕事とプライベートの境界線がしばしばあいまいで、オンとオフをはっきりと区別しづらいもの。自営業で、家で仕事をしているようなケースではまさにそうです。このつかみどころのないワークライフバランスをどうやって調整していくか、いくつかアドバイスを差し上げましょう。

▽境界線を設けましょう

現在携わっている仕事以外に自分の居場所を持つのは、自分が自分らしくいられるために大切なこと。仕事とプライベートの線引きをどのあたりにするかを考え、それを実現するためのルールを作りましょう。なんでもいいのです。夜や週末はいっさいメールの返事をしないでもいいし、フェイスブックの友達リストには仕事関係の人は入れないでもいいでしょう。いったんその線引きをしたら、それを守れるかどうかはあなた次第。守れさえすれば、その線引きについてまわりの人にとやかく言われる理由はありません。

▽自分の限界を知る

常に自分を高めようと心がけるのは、仕事人としてのあなたを成長させます。とはいえ、自力で処理できる以上のものに手を出すのは考えものです。いつでも、現在抱えている仕事の責任の範囲と納期を頭に入れながら、新たな仕事の依頼が受けられるかどうかを検討しましょう。特に自営業の人は、仕事を受けたものの手抜きや雑な仕事ぶりでクライアントや雇用主からの信頼を失ってしまうくらいなら、思い切って「ノー」と言って、その関係を良好に保ったほうが得策です。チャンスはまたやってくる。そう信じましょう。

▽自分にご褒美を

仕事がうまくいったら、自分へのご褒美を忘れずに！　日がな一日お気に入りの雑誌の最新刊を読みふけるもよし、かわいいネイルをするも

よし、ただただまったりと週末を過ごすもよし……。お好きにどうぞ。気持ちを明るくし、元気を回復するには、適度な娯楽が一番です。

▽社交的でいよう

人間は社会的な生き物です。心身ともに健康でいるためには、定期的に誰かと関わる必要があります。人と会うのが億劫にならないよう、オフのときにはできるだけ友達に会いましょう。フリーランスでいつもひとりで仕事をしている人はフリーの友達とチームを組み、週に一回は一緒に仕事をしてみてはどうでしょう。クリエイティブな仕事はたいていは孤独な活動ですが、だからといってひとりでやらなければならないというわけではありません。

▽もっと「ノー」を言いましょう

「ノー」という言葉は、自分の時間とエネルギーを確保するための最強のツールです。さまざまな依頼や仕事のチャンスは、必ずしもみんなに平等にやってくるわけではありません。今はたまたま、あなたのところに集中しているだけかもしれません。それなのに、あなたの目の前にくる要求すべてに応えようと手を広げすぎると、喜ぶのはまわりの人だけで、あなた自身はちっとも楽しくないということになりかねません。それも、やるべきことがすべてできたらの話。

心のなかのお人よしな自分のせいで「ノー」と言えないとか、「ノー」とは言いにくいからという理由だけで「イエス」と言ってしまいそうなときには、本当に大切なことは何かを思いだしてください。「ノー」と言うべきときに「イエス」と答えてしまうと、もっと充実した仕事（や娯楽）に使えるはずだった貴重な時間を、まるまるそちらにとられてしまうことになるのです。過度な要求のために犠牲にしなければならないものは何かをよく考えると、「ノー」と言いやすくなるのではないでしょうか。

Chapter 10

Q&A

影響力のある
女性たちの名言集

だってあなたには、
マリリン・モンローの有名な言葉以上の
価値があるのだから。

〜オーテガ・ユーワグバ（ウーマン・フー創業者）〜

01 あなたなら、ワーキングウーマンたちにどんなアドバイスをしますか？

自分の価値を知って、それを主張してほしいわ。女性たちが何かに強くこだわったり自己主張したりすると、職場では未だに叩かれる。男性なら評価されることなのに。クリエイティブな業界では、こういう風潮が相変わらず露骨にあるの。若い女性たちは仕事に情熱を注ぎながら、一方で、自分の能力なんて大したことないからなんて気おくれしてしまう。でも、そんなの間違ってる！　最初はおそるおそるでも、まずはあなたがあなた自身の能力を認めてあげなきゃね。

ジョー・フエルテスナイト（ジャーナリスト）

謝るのは、本当に謝罪が必要なときだけにしましょう。自分の意見を言ったり、「ノー」と言ったり、自分の居場所を求めたり、成功を追い求めたり、あなたが称賛されたりするべきときに謝ってはいけません。

チママンダ・ンゴズィ・アディーチェ（作家）

どんなときでも、男女平等を前提に考えること。たとえそれとは反対の状況に直面したとしても、その前提にもとづいて毅然と進むこと。

ペニー・マーティン（ザ・ジェントルウーマン誌編集長）

新しいビジネスを始める前に知っておくべき一番肝心なこと、それはあなた自身よ。自分の限界や自分がどこまで行きたいかを知ること。これから本当に一生懸命働かなくちゃいけないのよ。その覚悟はある？　心からその仕事に情熱を注げるかしら？　あなたの強みって何？　そして、あなたを踏みとどまらせるものって何？

セレーナ・グエン（スーツケース・マガジン誌創業者兼ＣＥＯ）

子どもを産んでから大きく変わったと思う。以前だったら、自己主張すべきだとか、ファッション界において創る側でもあり消費する側でもあるっていう独自の立ち位置を利用すべきだとかって言ってたと思うわ。でも今思うのは、女性たちが直面する試練は自分の外側にある障害ばかりじゃなくて、内面的なものもあるってこと。私は仕事で成功したいし、子どもとの関係を犠牲にしてでも仕事をしなくちゃいけない。そういう犠牲を払ってるってことに自分で納得しないといけないと思うの。でも、仕事のために犠牲にしているものが大きいからこそ、今まで以上に仕事に集中できている。スタジオにいるときは一瞬たりとも無駄にしたくないし、そう思うことでよりいっそう仕事に集中できる。自分のキャリアに、新たな一章が加わった気分よ。

クエンティン・ジョーンズ（イラストレーター・映像作家）

アイディアは、自分のなかだけにしまっておいてはダメ。自分なら、ほかの人よりうまくできるって自信を持つことよ。でもそれを現実にするには、アイディアを外に出して、みんなのフィードバックをもらって、あなたにとって何がどこで必要になるのかを教えてもらわないとね。誰でも、何かに情熱を注いでいる人のためには何かをしてあげようって思うものだから。

ラナ・エリー（《フルーム》創業者兼ＣＥＯ）

気兼ねしないこと——自分のアイディアや意見を言うときに、申し訳なさそうにすることはないわ。男たちだって、そんなふうにしていないでしょう?

リンジー・ヤング(《テート・ブリテン》キュレーター)

直感を信じて。きっと当たっているから。それと、なんであれひとりでじっくり考えて自分のなかで整理する時間を作ること。それをしないと、生産性の高い仕事人にはなれない。いつも仕事ばかりしているのが偉いって考えがちだけど、お休みも同じくらい大切よ。

ヴィクトリア・スプラット(ジャーナリスト)

まわりの助けを借りること。全部ひとりでやらなくちゃとか、ほかの誰にも私みたいにできるはずはないとか、ずっとそんなふうに思っていた。でも、そんなの大嘘だったわ。もちろん、誰も私のかわりに本は書けない。でも、ほかのことで誰かの助けを得られれば、その分、私はこの大好きな仕事に没頭できるでしょ?

アナ・ジョーンズ（料理研究家・スタイリスト・作家）

役員室こそ、あなたが目指すべき場所よ。好きなことをしていれば、いい仕事ができる。八時間は睡眠をとること。もっと、お風呂につかりましょう。いつだってワークライフバランスはどちらに傾くかわからないけど、最終的にどちらに向かせるかはあなたが決めること。仕事第一の時期もあれば、家族や友達を優先すべき時期もある。誰かと比べるのはやめましょう。集中すること。ゆっくり進むこと。完璧主義者になること。ちょっと無理してでもね。

ネリー・エデン（《ベイビーフェイス》共同創業者）

力を合わせましょう。どんな業界にも、どんな仕事にも敬意を払うこと。それがどんな内容か理解できなくてもね。お互いにスキルと経験を持ちよって融合させ、協力し合うこと。友達を作ること。

ミッシー・フリン（レストラン店主）

とても便利だと思ったのは、二十パーセントルール（私がそう呼んでいるだけかもしれませんが）にこだわることです。次の給与交渉や支払い交渉の機会に、あなたがもらうべきだと思っている額より二十パーセント高い金額を提示してごらんなさい。なぜなら、あなたはほぼ間違いなく過小評価されているからです。あなた自身からも、あなたに報酬を払う人からも、おそらく無意識的に。二十パーセントをとりに行くべきです。雇用主がその要求に応じてくれるかどうかはわかりませんが、試してみるだけでもあなたの気持ちは違うはずです。そして、一度やってみれば、次にはもっとやりやすくなるでしょう。

ジング・ツジェン（ジャーナリスト・《ブロードリー》編集者）

いつも一生懸命で、人と接するときは感じよく。でも、誰かにいいように使われることのないように。この人のために働きたいと思う人とは必ず連絡をとり、相手にもあなたのことをしっかりと認めてもらうことです。

フランチェスカ・アレン（写真家）

いつも、メールを送るより電話をかけて。そして、必ず朝食を食べること。

アリシア・ローソン（《ルビーズインザラブル》ディレクター）

自分の業界について、徹底的に知ることです。あなたの特定の業務だけじゃなくてね。たとえば、ファッションエディターになりたいからと会いにくる人がたくさんいるけど、本当になりたいなら、バイヤーの仕事、デザイナーの仕事、はたまたインターンの仕事までよく知っておくべき。すべてがあなたと関わってくるからよ。そして、リスクをとるこ

とを恐れないで。もちろん、あなたが思った通りにことが進むとは限らない。でも、チャレンジしてみる価値はあるはずよ。

リネット・ナイランダー（作家・編集者・クリエイティブコンサルタント）

しなかったことやできなかったことへの罪悪感は、やったことやできたことへの喜びよりも頭のなかで大きく響くものです。一日の終わり、自分自身に期待する気持ちを大切にしながら、自分のクリエイティビティ、問題解決能力、前向きな態度を褒めてあげましょう。あなたが自分自身を大切にする気持ちを持っていれば、まわりの人たちもきっと同じように接してくれるでしょう。

キャリン・フランクリン（MBE〈大英帝国五等勲爵士〉、ファッションコメンテーター・チェンジエージェント）

自分がすることに、言い訳をしないことが大切だと思うわ。前は、仕事についてブツブツ言うこともあった。ほんのささいな思いつきを、さもすごいことに見せようとしていた。でも今は、何に関しても身分相応のふるまいを心がけています。

パンドラ・サイクス（ジャーナリスト・スタイリスト）

自分に正直であること。クリエイティブな生活には、繊細であるだけなく自分の気持ちに正直であることが求められる。自分の直感にも、まわりの世界にも心を開いていないといけないない。一番のアドバイスは、ほかの何よりも自分の直感に従い、自分の価値観に忠実であれということ。自分の心が目標に向かっているときこそが、最高の充実感を味わえるってことがよくわかったの。

ピエラ・ジェラルディ（《リファイナリ29》クリエイティブ担当執行役員兼共同創業者）

02 健全なワークライフバランスを保つには？

私の場合、趣味として選んでいたかもしれない分野をキャリアにしたので、何をもって仕事と余暇とするのか、そこが曖昧になりがちでした。でも、やっていくうちに、つまらないと思っていたこともそれなりに楽しめるようになってきたの。そう思えたことが、両立のコツなのかもしれないわ。仕事かプライベートか、どちらにより重点を置くかは選ばなければならないけど、選ばなかったほうも全体のバランスを調整する、地味だけれども欠かせないものとして向き合うべきでしょう。

ペニー・マーティン（ザ・ジェントルウーマン誌編集長）

私は、週末のうちの一日をスマホなしの日にしてる。いつも何かとつながっていることは大事だけど、今、この瞬間をリアルタイムで、現実の世界を生きているという感覚もまた、同じように大事。そして、あなたが仕事を抱えすぎて一度に膨大な量に取り組もうとするのは、誰にとってもハッピーではないってことも忘れないで。

ヴィクトリア・スプラット（ジャーナリスト）

一日スタジオで仕事して帰宅したら、スマホを一階に置いて、息子のお風呂と寝かしつけを一気にやってしまう。息子が生まれたばかりの頃は世話をしながらメールしようとしたりしていたけど、どちらも中途半端だった。休暇中もそうだったわ。それで、仕事のファイルをいじりたくならないよう、ノートパソコンを持ち歩くのをやめたの。フリーランスでクリエイティブな仕事をしていると、どんなプロジェクトであれ、生活のすべてを奪われがち。でも、たとえばここ五年間の大事な場面を振り返ってみると、あのオンラインフィルムのプロジェクトとか、当時はとても重要に思えた仕事でも大して記憶に残っていないものなのよ。

クエンティン・ジョーンズ（イラストレーター・映像作家）

みんながいつも感じている葛藤かもしれませんが、私は自分自身を、疲れを知らない資源としてではなく、繊細に作られた人間としてとらえるようにしたことで、「申し訳ありませんが、今週その仕事はお引き受けできません」と言えるようになりました。頼まれた以上は、できるのは自分しかいないなどと思いこみがちですが、大間違いです。さまざまなプロジェクトや機会を通じて、私は大組織の歯車のひとつではなく、居場所が必要なひとりのクリエイティブな人間なのだということを改めて感じました。愛する人たちとの関係は、自分のことを何ができるかという視点で見るのではなく、どんな人間か、で考えることの大切さを思い出させてくれました。

キャリン・フランクリン（ＭＢＥ〈大英帝国五等勲爵士〉、ファッションコメンテーター・チェンジエージェント）

私にとって、夜と週末は聖域、つまり、完全に仕事抜きの時間にしているの。これまでは、使える時間をすべて仕事にあてることができたし、実際そうしてきたわ。今でもそうすることは可能だし、仕事のクオリティを落とさない自信もあるけど、それって、仕事以外の生活をすべて犠牲にして初めてできること。幼い息子との関係は、今、一番大切なものは何かを判断する最高のバロメーターになるわ。

アナ・ジョーンズ（料理研究家・スタイリスト・作家）

タイム・ブロッキング【訳注：特定の時間枠に特定のタスクを割りあてることで、一日を最大限に活用するメソッド】は仕事とオフとを区別するのに便利です。このやり方、まだ始めたばかりだけどね。それと、自分の心身をいい状態に保つことに関しては、「時間がない」なんてありえない。そのための時間は「作る」もの。なぜって、あなたが心身ともにすこやかなら、それはクライアントや従業員にも伝わるものだから。最後に、日に一本はメールの返事をあえて先送りして、その時間で友達に手紙を書きましょう。仕事があなたにとって一番大事だと友情はどうしても後回しになりがちだけど、あなたのことを本当に理解し、大切に思っている人たちが離れていってしまうと、好きな仕事をしていても心細く感じるものよ。ミッシー・フリン（レストラン店主）

アポイントをとったら、その予定はできるだけ変えないこと。そうすれば、その時間にオフィスを出なければいけなくなるでしょう。

アリシア・ローソン（《ルビーズインザラブル》ディレクター）

週三〜四回は運動するようにしていて、そのおかげで体調はすごくいいの。少しでもいいから、仕事のことを考えない時間を作ることはとても大切。その意味では運動はちょうどいいと思うわ。仕事から離れた時間を持たないと、本当にいい判断をするための広い視野を持てないんじゃないかしら。

セレーナ・グエン（スーツケース・マガジン誌創業者兼CEO）

私は、自分にとって何が本当に大切で、自分の時間をどんなふうに使いたいかを突き詰めて考えるようにしています。

チママンダ・ンゴズィ・アディーチェ（作家）

いつも、ファッションとは関係ない友達を作るようにしているの。彼らにとっては、新しいコレクションも今度辞めるデザイナーの話も関係ない。自分とは違う世界との接点、それこそが私には必要なの！　政治や文化やプライベートを話題にワインとディナーを楽しんでこそ、知識も豊かになるってものよ。仕事をして目標を達成するのはすばらしいことだし、充実感もそれだけ大きいけど、仕事は人生というとらえどころのないもののほんの一面にすぎない。その外側で、嬉しいことや楽しいこともなくちゃいけない。仕事以外であなたの気持ちを満たしてくれる趣味を見つけて、オフィスのなかでも外でも人生を楽しんでほしいわ。

リネット・ナイランダー（作家・編集者・クリエイティブコンサルタント）

ほんの数時間だけでも、スマホの電源をオフにできないほど重大なことなんてありゃしないわ。以上！

ジョー・フエルテスナイト（ジャーナリスト）

私が健全なワークライフバランスを保てているのは、仕事とプライベートが重なり合っても、それはそれでいいと思えるから。私の家系には芸術家が多く、起業している人も多かったから、いつもまわりの親戚からたくさんのインスピレーションを得ていたわ。家業のある環境で育ったから、仕事は生活の一部だとわかってた。仕事は、エネルギーの源ではあっても、うんざりするほど嫌なものではないって実感してきたの。もちろん、その境界線は必ずしもはっきりはしていないけど。今、私は、大好きな友達や夫と一緒に仕事をしている。何がいいって、オフィスでも家族的な感覚を味わえること。それがあるから、私にとってR29は働いていて楽しい場所になっている。私にとって何より大切なのは、感謝の気持ちを持つことと、私を取り巻くすばらしい機会やすばらしい人たちを大切に思うこと。そして、日々、自分自身のために余裕を持つようにしています。通勤の途中にいろいろなことが学べるポッドキャストを聴くとか、出張とからめてちょっとした小旅行を楽しむとか、ただ単に、朝、きちんとご飯を作る余裕を持つとかね。走り続けてばかりでは、先の見通しも立てられないわよ。

ピエラ・ジェラルディ（《レファイナリ29》クリエイティブ担当執行役員兼共同創業者）

フリーランスになってから始めたのは、散歩を毎日して、友達と電話で話すことです。

パンドラ・サイクス（ジャーナリスト・スタイリスト）

03 日々、どんなものに頼っていますか？

鳥の鳴き声や滝の音のヒーリングCDに合わせて、ヨガや呼吸法を行うこと。着心地がよくて自分らしく見えるから、気に入ってる服。お気に入りのパルファム（今は《フレデリック・マル》のポートレイト・オブ・ア・レディーを愛用）。紙のスケジュール帳とノート。なんでも書きとめたり、リストを作ったりしてはそれを消すのが好き。電話中のいたずら書きにもちょうどいいし。できるときはストレッチをしたり、体を動かしたりもしています。音楽をかけることも。締め切りが迫ってるときはアップテンポ、クリエイティブな仕事のときはスローテンポの曲。そうそう、それからひとりごとね。家で仕事してるときにはずっと言ってるわ。

キャリン・フランクリン〈MBE〈大英帝国五等勲爵士〉、ファッションコメンテーター・チェンジエージェント〉

コーヒーと厳しい締め切り。

フランチェスカ・アレン〈写真家〉

クリエイティブな相談相手を持つこと。大きな決断をするときには、何人かに相談相手になってもらっています。なかには、映画プロデューサー（たまたま私の妹なのですが）もいれば、別の料理研究家、作家、夫もいます。みんな、私のことをよく知っていて、それでいて私のビジネスにはまったく関心がない人たちです。でも、私を大切に思い、知り抜いているからこそ（ときに厳しい）真実をも伝えてくれる人たちなのです。

アナ・ジョーンズ〈料理研究家・スタイリスト・作家〉

ヨガなどの運動。スマホのアラーム機能ではなく、アラーム時計つきラジオ。マスカラ。電卓。《キールズ》のエッセンスミスト（サボテン花エキス配合）は、行き詰まったときに自然を身近に感じさせてくれてリフレッシュできます。

ミッシー・フリン（レストラン店主）

睡眠。これは本当に大事です。何かロマンチックで形のあるものをあげたいところですが（自分の考えや気持ちをしたためたノートとかね）、それだと嘘になるわ。かけがえのないベッドタイムを自らけずるなんて、ちっとも偉いことじゃないし、生産性だって上がりません。

ジョー・フエルテスナイト（ジャーナリスト）

リップクリーム。家族や友達の声、アドバイス、そして愛。

チママンダ・ンゴズィ・アディーチェ（作家）

《エリザベス・アーデン》の化粧品。いい本。《無印良品》の◯・三八の紺色ペン。《モレスキン》のノート。コーヒー。ココナッツオイル。

ネリー・エデン（《ベイビーフェイス》共同創業者）

頭の休息には読書とラジオ。仕事に追われる一日でも、ちょっと立ちどまって誰かにハガキを書くこと。スケジュールが立てこみすぎて、休憩がほしいときのタクシー利用。現実逃避したいときのテレビ。内なる自分との対話を絶やさないための日記。

ペニー・マーティン（ザ・ジェントルウーマン誌編集長）

清潔で整然としたワードローブ。朝、着るものを選ぶときに楽だから。ステキなフレグランス。嗅いでいるといい気分になる。眼鏡。これがないと、特に仕事中は何も見えませんからね。そして、夜、帰宅したときにはステキなキャンドル。お気に入りは《シール・トリュドン》【訳注：パリ発祥の世界でもっとも古いロウ製品メーカー。古くはルイ十四世にも愛された】。

リネット・ナイランダー（作家・編集者・クリエイティブコンサルタント）

高速ブロードバンド回線と、昔ながらのメモ帳。

アリシア・ローソン（《ルビーズインザラブル》ディレクター）

スマホ、グーグルカレンダー、アドビのクリエイティブ関連プログラム。毎朝のコーヒー（日中はいろいろな種類のお茶）も必要だし、黒のインクペン、近所を乗り回すための自転車も。週に何回かヨガにも通って、いろいろなことのバランスを調整しています。

クエンティン・ジョーンズ（イラストレーター・映像作家）

私にとって日々欠かせないものは、朝のコーヒー、家で朝食を作ること、最低週三回は適度な運動をすること。それと、笑いや毎日の生活に遊びを持ちこむことも大事なことだと思っている。バカ笑いした後には決まって何かひらめくものなのよ。何かを生みだそうとするときにも、ユーモアがあったり開放的だったりするといい結果が得られると確信しています。

ピエラ・ジェラルディ（《レファイナリ29》クリエイティブ担当執行役員兼共同創業者）

マックの大きなデスクトップパソコン（私のぜいたく品）、チューインガム、ベイリーネルソン【訳注：オーストラリア発祥の眼鏡ブランド】の眼鏡、それと、できれば、毎晩バスオイル入りのお風呂につかること――五分だけでもね。

パンドラ・サイクス（ジャーナリスト・スタイリスト）

04 どんなポリシーにもとづいて生活や仕事をしている？

無償では働かないこと。自分の作品を、ふさわしい対価がないのに手放さないこと。誰からも、厄介なことを押しつけられないように。そして、誰からも嫌な気分にさせられないように。

フランチェスカ・アレン（写真家）

やるからには、思いっきりやること！　でも、仕事に限っての話よ。家では毎晩、十時にはもう寝ているわ。

リンジー・ヤング（《テート・ブリテン》キュレーター）

「誰かが死んだわけじゃないんだから」母は国民保健サービスの看護士で、電話口で私が仕事のことで派手に騒ぐと、母は決まって「で、誰か死んだの？」と言うのです。文字にするとひどい言葉だけど、私にとっては驚くほど効き目があった。それ以来、仕事に対して、もっと割り切って考え、問題解決志向で臨めるようになったと思う。

ジョー・フエルテスナイト（ジャーナリスト）

なんでも聞いてみること。

セレーナ・グエン（スーツケース・マガジン誌創業者兼CEO）

「よく働き、よく遊べ。僕はこうして生きてきた」って私が十代の頃に父がよく言ってた。そのときから、父みたいに生きようって決めてるの。

クエンティン・ジョーンズ（イラストレーター・映像作家）

ピクルスジュースは飲むな。ニッキー・ミナージュはインタビューで、いじめられても毅然とした態度をとったときのことを振り返って、「あのときピクルスジュースを飲んでいたら、今でもずっと飲まされていたと思う」と語っていました。このインタビューを聞いていた私と友達にとって、この言葉はある種のおまじないになりました。会議の相手が理不尽な態度をとってきたときはいつも、「ピクルスジュースは飲むな」と耳打ちし合っています。個人的に、この言葉にはとても助けられています。

ジング・ツジェン（ジャーナリスト・《ブロードリー》編集者）

何かをやると三回言ったのなら、やりなさい。

ネリー・エデン（《ベイビーフェイス》共同創業者）

あなたは、あなたのチームと同じぐらいすばらしい。

ミッシー・フリン（レストラン店主）

求めなければ、得られません。これまでのキャリアのなかで私が経験した大きな変化はいずれも、尊敬する人たちにコンタクトして、彼らにどれほど感銘を受けているかを伝え、教えを乞うことができないかと頼んだときにもたらされたものばかりです。

アナ・ジョーンズ（料理研究家・スタイリスト・作家）

あなたが必要としているものは、きっと与えられるでしょう。

リネット・ナイランダー（作家・編集者・クリエイティブコンサルタント）

喜びをまわりに与え、まわりから喜びをもらいましょう。人間が好きだから、他人に対してはできるだけ温かく尽くそうとしてきました。でも、私はスーパーウーマンじゃないし、誰からも好かれるようになれるわけでもないし、難しい状況を立て直す力もないってことをつくづく感じました。もう自分の内なる声――言うべきことを言って、私を励ましてくれる声――をおさえるのはやめました。言うべきことを優しさと謙虚さを持って言えるように頑張っているところですが、ときにはくじけそうになります。それでも、相手と深く心が通じ合っていれば、うまくいきそうな気がします。

キャリン・フランクリン（ＭＢＥ（大英帝国五等勲爵士）、ファッションコメンテーター・チェンジエージェント）

とにかく、質問しまくります。

ラナ・エリー（《フルーム》創業者兼ＣＥＯ）

称賛するときは声高に。反対するときも声高に。何よりも、自分に正直であれ。

チママンダ・ンゴズィ・アディーチェ（作家）

変化を起こす人でありたいと、いつも思っています。もし、ふだんはそういうタイプでないなら、それを変えられる人になることです。そうすれば、なんでもうまくいくようになります。

パンドラ・サイクス（ジャーナリスト・スタイリスト）

私は「常に前進」をモットーにしています。つまり、いつも前に向かって進むこと。失敗した自分を許し、誇りを持って努力し続けること。前進していくためには、まずは目の前の仕事に力を注がなければならない。それを理解することが大切です。

ピエラ・ジェラルディ（《レファイナリ29》クリエイティブ担当執行役員兼共同創業者）

付録

日々に役立つ
情報集

記載されている内容は、印刷出版当時のものとなります。

01 おすすめの本と情報

● **『新版 ずっとやりたかったことを、やりなさい。』ジュリア・キャメロン**〔サンマーク出版、2017〕

The Artist's Way / Julia Cameron

《モーニングページ》の発案者である著者の、クリエイティビティを開花させる方法についてのロングセラー。一見、自分には関係ないことに感じても、ぜひ読んでみてください。結構効きます。

● **『ハーバード流 交渉術』ロジャー・フィッシャー**〔三笠書房、1989〕

Getting to Yes / Roger Fisher

交渉術の指南書。ベストセラーにもなった名著で、キャリアライフのさまざまな局面で活用できるシンプルで効果的なア

ドバイス集です。

●『仕事の不安がなくなる哲学』ローマン・クルツナリック〔イースト・プレス、2014〕
How to Find Fulfilling Work / Roman Krsnaric
《ザ・スクール・オブ・ライフ》【訳注：自己啓発や日々の生活で必要なノウハウを、書籍やウェブ、各種イベントなどを通じて幅広く紹介している企業】のシリーズ本は日々の生活に役立つアイディアが満載ですが、なかでも本書は注目の一冊。本当に充実したキャリアを実現するための、実践的な思考法がたくさん載っています。折に触れ、読み返したくなること間違いなしです。

●『やりとげる力』スティーヴン・プレスフィールド〔筑摩書房、2008〕
The War of Art / Steven Pressfield
ひとことで言えば、クリエイティビティという観点から、行き詰まったときにどうやって前に進めるかがわかる一冊。

●『フェミニン・エコノミーへの提言（日本未訳）』ジェニファー・アームブラスト
Proposals for The Feminine Economy / Jennifer Armbrust

ビジネスアドバイザーのアームブラストが提言するモデルは、従来とは違った仕事の方法をどうやって身につけるかを教えてくれます。やる気のある企業家には、必読の書。

●『いい失敗の仕方（日本未訳）』ゼイディー・スミス
Fail Better / Zadie Smith

いい作家になるには？　最高の作家からのメッセージです。

●『早く辞めよう、何度も辞めよう（日本未訳）』ディーパック・マルホトラ教授
Quit Early and Quit Often / Prof. Deepak Malhotra

ハーバードMBAを修了する、学生たちへのスピーチです。そのなかから、型破りなキャリアアドバイスを紹介しています。

●『シャイン・セオリー：なぜパワフルな女性は最高の友達を作るのか（日本未訳）』アン・フリードマン
Shine Theory: Why Powerful Women Make the Greatest Friends / Ann Friedman

ウェブマガジン《ザ・カット》に掲載されたフェミニストのスローガン色の強いエッセイで、

（社会のおおよその見方とは異なり）女性にとってほかの女性は競争相手ではないということを教えてくれます。惑わされてはいけません。誰もがうまくやっていけるのです。

02 おすすめのウェブサイト

《アスク・ポリー》／Ask Polly（nymag.com）

ヘザー・ハヴリレスキー（Heather Havrilesky）の《ザ・カット》の週間人生相談コラムには、仕事とプライベートに関する鋭いアドバイスが満載です。このコラムのオンラインアーカイブをひと通りチェックしたら、同じ著者の『世界で戦える人になるには（日本未訳）（How to Be a Person in the World）も手にとってみてください。

《ブレイン・ピッキングス》／Brain Pickings（brainpickings.org）

さまざまな書物から、刺激を受けた感想をまとめたもの。新しいものの見方が必要なときに、ぴったりのウェブサイトです。

《ザ・ドッツ》／The Dots（the-dots.com）

イギリスを拠点とした、クリエイティブ業界の転職オンライン掲示板。すぐにでも応募したくなる仕事が、多数掲載されています！　新しい仕事を探しているなら、急いでチェックしましょう。

《ファスト・カンパニー》／Fast Company（fastcompany.com）

ビジネス、クリエイティブ、テクノロジーの最新情報をフォローしておきましょう。スタートアップ期の会社なら、このサイトは必見です。

《ザ・ファイナンシャル・ダイエット》／The Financial Diet（thefinancialdiet.com）

個人的なお金の問題まで完璧に答えてくれる、珠玉のマネーアドバイスサイト。シビアな本音で語られている部分もありますので、要注意。

《ハーバード・ビジネス・レビュー》／Harvard Business Review（hbr.org）

ビジネスを始めるのに、ピカピカな学歴がないとダメだなんて誰が言ったの？　このＨＢＲのサイトでマネージメント、リーダーシップ、ビジネスガイダンスを習得すれば、ＭＢＡの取得もお安くすみます。

《ウーマン・フー》／Woman Who（womanwho.co.uk）

クリエイティブな仕事に携わる、ワーキングウーマンのためのサイト。かつて同じような悩みを抱えていた、かっこよくてクリエイティブな女性たちから、さまざまなアドバイス、新しいアイディアをもらいたいなら、まずはここを訪れてみて。もの作りに携わる人、知的思考を生業にしている人、起業を考えている人などにとって、ワーキングライフに刺激を与えるものがここでたくさん見つかるでしょう。

03 お役立ちツール

《アリーナ》／Arena（Are.na）

このウェブサイトは共同のプロジェクトには最適なアプリで、チームで仕事をしながら画像、ファイル、リンクなどの資料を一か所でまとめて共有できます。

《エバーノート》／Evernote（evernote.com）

このアプリはアイディアを一か所に集めて保存し、スマホやパソコンと同期させることができます。整理整頓する時間が節約でき、仕事がどんどんはかどります。

《ハンター》／Hunter（hunter.io）

多忙なキーパーソンとコンタクトをとりたいけど、メールアドレスを知らないって？ コールドメールを送るときには、この便利なサイトをどうぞ。

《ムー》／Moo（moo.com）

大物になりたいなら、プロっぽく見える名刺を持たないと。このオンライン文具店でお手頃価格の名刺（やその他いろいろ）をゲットしよう。

《スクエアスペース》／Squarespace（squarespace.com）

新しいビジネスを立ち上げたい人に、最適なウェブ作成ツール。見栄えがいいだけでなく、これを使えばオンラインショップをオープンするのも簡単です。

04

仕事におすすめの場所 イギリス

エースホテル／Ace Hotel（ロンドン）

エースホテルのロビーは、フリーランスの人たちに人気のワークスペーススポット。早く行って共有の長テーブルに席を確保しよう。出遅れるとソファ（もちろんこれも座り心地抜群ですが）しか残っていないなんてことも。

バービカンセンター／Barbican Centre（ロンドン）

座り心地のいいソファがところどころに配置されています。フリーWi-Fi完備、ドリンクとスナックが楽しめるカフェも施設内にあります。ここを愛さずにいられますか？

中央図書館／Central Library（マンチェスター）

マンチェスターの象徴とも言うべき建物で、二〇十四年に改装されました。一階の椅子席でも、ゴージャスなドーム天井のリーディングルームでも、落ち着いた静かな雰囲気を堪能できます。カフェインを摂取したくなったときは、館内のカフェでどうぞ。

英国図書館ビジネス・ＩＰセンター・ナショナル・ネットワーク／British Library Business and IP Centre National Network（イギリス各地）

ロンドンのキングスクロス分校にも十分なスタディスペースがありますが、英国図書館はリーズ、リバプール、バーミンガム、ニューカースル、マンチェスターでもセンターを運営しており、立ち上げ初期の起業家向けに各種資料やアドバイスを無料で提供しています。

ナショナル・アート図書館／National Art Library at the V&A（ロンドン）

毎週火曜日から土曜日に、一般開放されている公共図書館。何世紀も前からの、すばらしい芸術作品を多く所蔵する資料図書館です。

ノルディック・コーヒー・コレクティブ／Nordic Coffee Collective（ブライトン）

この店がその評判に恥じないのは、最高のコーヒーを出すことと、北欧テイストのシックなインテリアのせいでしょう。高速で安定したWi-Fiと、コンセントもたくさんあるので、長居するにはぴったりの場所です。

ティンバーヤード／Timberyard（ロンドン）

おいしいコーヒーに、Wi-Fiも完備したカフェ。ノートパソコン持参で利用できます。本当に集中したいときには、コベントガーデン支店がおすすめです。

トリップキッチンアンドバー／TripKitchen & Bar（ロンドン）

トリップスペースグループが経営するカフェ。店内は広々としていて、お昼どきを外せばそれほど混雑していないはず。隣のイベントスペースでは、毎日ヨガ教室が開かれています。ちょっとひと息入れたいときにどうぞ。

05 仕事におすすめの場所 世界

コーヒーバー／Coffee Bar（サンフランシスコ）

サウス・オブ・マーケット地区（通称ソマ地区）にある人気のカフェで、テーブルスペースが広く、活気に満ちています。大勢の客から離れた、二階席がベストスポット。

ニューヨーク公共図書館／New York Public Library（ニューヨーク）

きれいな環境で仕事がしたければ（したくない人なんていないでしょうが）、二〇十六年に改装されたここのローズリーディングルームがぴったりです。「見事」などという言葉では言い尽くせません。

ザ・スプリングス／The Springs（ロサンゼルス）

ダウンタウンにあるこの広々としたスペースは、仕事をするだけではもったいない場所。種類豊富なヘルシーフードが食べられるだけでなく、ヨガスタジオやジムなども併設されていて、仕事以外にもいろいろと楽しめることでしょう。

ウェストベルリン／Westberlin（ベルリン）

ノートパソコンユーザーが利用しやすいと言われているこのカフェには、マックブックユーザー専用のワークスペースや読書スペースもあります。アートやデザイン関連の雑誌も豊富で、閲覧自由です。

06 インスピレーションが得られる場所 イギリス

バービカンコンサーバトリー／Barbican Conservatory（ロンドン）

コンクリートジャングルのなかにひっそりとある、熱帯オアシス。文化施設内にある温室です。たいてい日曜日はオープンしていますが、念のため事前に確認を。映画を見た後にでも立ち寄って一日を過ごしてみてはいかが？

リブレリア／Libreria（ロンドン）

とても居心地のいい書店です。本をテーマごとに陳列しているので、思いもよらない作品同士のつながりが発見できたりします。厳選された本のラインナップを前に、きっと一、二冊は買いたくなってしまうでしょう。

モダンソサエティ／Modern Society（ロンドン）

レッドチャーチ通りにあるこのステキなブティック兼カフェは、誰かの家の日当たりのよい庭先に座っているような気分にさせてくれます。コーヒーを飲んだ後は、買い物をお楽しみください。

オープンアイギャラリー／Open Eye Gallery（リバプール）

リバプールのウォーターフロント中心部にある、写真ギャラリーです。ここに来たら、この街一番のすばらしい建物も堪能して帰りましょう。

テートモダン／Tate Modern（ロンドン）

すでに、ロンドンのカルチャーシーンの中心的存在となっています。テートの新館《スイッチハウス》では、女性アーティストの個展がよく開催されています。街の全景を楽しめる、展望台も見どころです。

ターナーコンテンポラリー／Turner Contemporary（マーゲート【訳注：イギリス南東部にある海辺のリゾート地】）

マーゲートの文化を代表するものと言っても、過言ではないでしょう。アートファンの言わばメッカです。

07 インスピレーションが得られる場所 世界

グッズフォーザスタディ／Goods For The Study（ニューヨーク）

アートなセンスで選び抜かれたユニークな文房具、デスクまわりの小物、オフィス家具などを多数揃えています。ワークスペースの模様替えにはここがおすすめ。数ブロック足を伸ばせば、マクナリージャクソン（McNally Jackson【訳注：ニューヨークにある個性的なセレクト書店】のブックストアもあり（ここも訪れる価値大です）、ここはまさしく文房具ファンの聖地です。

ル・ルクソール／Le Louxor（パリ）

華やかな歴史をたたえたアールデコスタイルの建物に入っている、パリ市所有の映画館。コマーシャルフィルムを流さないところも特徴のひとつで、映画マニアには必見のスポット。

ドローグ／Droog（アムステルダム）

既存のカテゴリーの枠にはまらない、デザインにフォーカスしたコンセプトストア。家具やインテリア雑貨が買えるだけでなく、展覧会やポップアップストアも企画・運営しています。敷地内の《フェアリーテールガーデン（おとぎ話の庭）》も見どころです。

［著者］
オーテガ・ユーワグバ　Otegha Uwagba
ロンドンの大手広告代理店やユース向けのコンテンツメディア《ヴァイス》での勤務経験を活かし、クリエイティブな仕事に携わる世界中のワーキングウーマンをつなぎ、サポートするためのウェブサイト《ウーマン・フー》を開設。フリーランスのライター、ブランドコンサルタントとしても活躍中。ロンドン在住。

［訳者］
国枝祐希　Yuki Kunieda
東京都出身。東京大学教養学部卒。
大手総合商社を経て、
現在はフリーランスで翻訳を手がけている。

進　　行　説田綾乃　高橋栄造　湯浅勝也
デザイン　徳永裕美（ISSHIKI）

イギリス女性はこう働く

2019年4月10日　初版第1刷発行

著　者　　オーテガ・ユーワグバ
訳　者　　国枝祐希
発行人　　廣瀬和二
発行所　　辰巳出版株式会社
〒160-0022
東京都新宿区新宿2丁目15番14号　辰巳ビル
TEL　03-5360-8960（編集部）
TEL　03-5360-8064（販売部）
FAX　03-5360-8951（販売部）
URL　http://www.TG-NET.co.jp

印刷・製本所　大日本印刷株式会社

ISBN978-4-7778-2261-4　C0036 Printed in Japan